U0003674

LOCUS

LOCUS

LOCUS

LOCUS

Smile, please

smile 75

作夢要趁早

2 Do Before I Die

編者：麥克・奧登(Michael Ogden) & 克利斯・戴伊(Chris Day)
譯者：施益
責任編輯：楊郁慧
美術設計：楊雯卉
法律顧問：全理法律事務所董安丹律師
出版者：大塊文化出版股份有限公司
台北市105南京東路四段25號11樓
www.locuspublishing.com
讀者服務專線：0800-006689
TEL：(02)87123898　FAX：（02）87123897
郵撥帳號：18955675　戶名：大塊文化出版股份有限公司

總經銷：大和書報圖書股份有限公司　地址：台北縣新莊市五工五路2號
TEL：（02）89902588　FAX：（02）22901658
初版一刷：2007年5月
定價：新台幣280元
Printed in Taiwan

作夢要趁早

2 Do Before I Die
the do-it-yourself guide to the rest of your life

100個夢想人生

Michael Ogden & Chris Day◎編
施益◎譯

獻給
Victoria和Vicki

每一件事都是獨特的，都是一生只有一次的體驗。心儀的女性在某個時刻帶給你肉體上的歡愉，或是某一天享用的精緻料理——無論何者，你都不會遇上第二回。沒有任何事物會重複發生，每一件事都是無可比擬的。

——龔古爾兄弟(The Goncourt Brothers)，十九世紀法國作家

你會做不少傻事，但是要帶著熱情去做。

——柯麗特(Collette)，二十世紀法國作家

← Contents

寫在前面

楔子

我們最後一次去看爺爺的時候，他已經91歲了，我們心裡都清楚他來日無多。在開車回舊金山的路上，我和妹妹不停談著他的事，講都講不完。爺爺的臭脾氣總叫我和妹妹招架不住；老愛嘮叨，又裝出一副沒血沒淚的嚴肅樣子。只有這一次，最後一次見面，他終於讓我們看到眞實的一面。整整兩個鐘頭，他回憶著自己的一生，回顧著生命中難忘的時刻。

他平常總說自己是個工作狂，可是到頭來，只花了兩分鐘就講完他工作上的成就，讓我們有些意外。那個下午，他大部分時間講的反而是他生命中重要的人，以及那些平靜的、歡樂的，和茅塞頓開的時刻。

他提到很多事情，像是身爲外來移民第二代、早年當過作家、初戀因爲對方父母反對無疾而終。還有他在二十出頭就得了寫作獎、對兒子的天資有多自豪、七十幾歲的時候去中國旅行。此外，他說自己年紀愈大就愈少寫作，想想頗爲遺憾。有些事可能只是五十幾年前的一個尋常下午，但到了最後時刻，又重現腦海。

那些故事我有一大半都沒聽過。我不禁想，如果是我，我會記得的是什麼？過去這兩、三年，可真有什麼值得一提的事？

踏上回程，離家愈來愈近，我妹妹瑪格莉特（24歲）和我（30歲）發現，這是在爸媽前陣子離婚後，我們倆第一次一起出遠門。爺爺對生命的觀點讓我們的腦子裡閃過許多念頭，說起各自的故事。

瑪格莉特告訴我，大學剛畢業那段時間，她忙著打工好友應付各種帳單，也想著下一步究竟該怎麼走。和好友艾瑞卡喝掉一瓶酒之後，她列出一張單子，寫出這輩子想做的事。

講著講著，她說：「單子就在前座置物箱裡，你可以拿去瞧瞧。」從那張單子裡，我看到了她的眞誠與想像。拜她所賜，帶給我許多値得深思的靈感。

我在列表裡看到了我所熟悉的那個妹妹，但也有些部分完全出乎我意料。我看到她的各種理想、渴求、以及好奇，從最正經八百的到最亂七八糟的都有，可說是她的自畫像。除此之外，你也看得出來，在列表的過程裡，她嘗試了一些意想不到的可能性。

第二天，我端了杯咖啡坐在一疊白紙前，沒想太多，就寫下了腦海中浮現的第一個念頭：「去拍極光。」。寫下去的那一瞬間，我微微吃了一驚，深深體會到，這是件我眞正想做的事。接下來的幾天，在列表的過程中，我不只想起了一些曾經擁有的雄心壯志，也發現一些新的夢想——有些可以獨力完成，有些則得和朋友家人一起努力。

想不出來該列舉什麼夢想的時候，我總會想到爺爺的故事，還有他最後記得的那些小事。我發現，像是「給孩子釘個書架」或是「養狗」這種小小的未來計畫，跟一些遠大的理想相比，也同樣令我滿足。在清單上也有一些我老早就知道一定會有的項目：那些我總是想試試，但又遲遲沒去做的事。

當然，我並沒有在當天就衝去把那些事做完，但是看到我的目標白紙黑字寫在那裡，和其他的項目排排站，似乎就沒那麼難達成了。以前，我從未體認到生命有限，現在仔細一考量，再不去試試，似乎對自己交代不過去。

在那幾天，我寫下了76條目標，終於清楚知道自己想做的事。這讓我充滿熱情，開始追求那些懸宕已久的理想抱負。現在有了這張清單，時間成了要好好經營的資產，而不再是可以浪擲的財富。

和很多事情一樣，「夢想清單」一開始也只是個小小的計畫。在寫下清單幾個月後，有一晚我和朋友克里斯喝了點酒，聊到了那份清單。克里斯告訴我他的看法，這個計畫就在談話中成形。我們想知道，到底在別人的心目中，什麼是真正值得回味再三、令人期待和別人分享的故事。

這本書並不是要列出人人應遵循的「必做100件事」，而只是要激發一些可能性、刺激出一些想法、探究到底什麼是重要的，以及什麼是可能的。我們眞正的期待，是透過這些問題、建議，以及書中的眞實故事，讓讀者也一起加入這個探索的過程。

麥可・奧格登

什麼是「夢想清單」？

回顧過往，有哪些人生體驗令你永誌不忘？

打開你人生的剪貼簿，有哪些人、事、地的回憶會湧上心頭？誰曾影響過你的人生？有哪些時刻是難以抹滅的呢？

在你心裡，時光曾倒流到年幼時，回想起當年諸多「第一次」的經驗嗎？或是讓時間回到幾年前，想到因爲在某個午後做的決定，你的人生從此有了不同？也許因爲你的工作、你曾幫助過人，或是那些你與朋友、家人共度的時光，讓你感動自豪不已。又或許是那些連三歲小孩都知道不可能的事，你卻義無反顧勇敢追求，讓你對自己佩服不已。

令人難以忘懷的回憶不止上述這些經驗；也有可能是當時你視爲無關緊要的事情，但是到了今天，其重要性卻不言而喻。還有些更加難得的體驗，是到你嚥下最後一口氣時，忘也忘不了的；對某些時刻，你的印象特別深刻，甚至無法想像，如果沒經歷這些事情將會如何。

回想起來，我們特別容易記起錯過的機會：一通沒打的電話、一趟沒成行的旅程、一位失聯的朋友、一個沒有付諸實現的想法。這些都是你真的很想做的事情，只是當時找不出時間。

挑選出人生中具有代表性的事件也不是那般容易，因爲我們常常將所經歷的一切視爲理所當然。我們從學校畢業、學習外語、開車旅行橫越美國、養兒育女、參加戲劇選角、擔任慈善義工、追求成千上百的各種目標，但當我們想到自己的「成就」時，往往把這些算進去。我們忙著過活，而不是生活，往往忽略了生命真正的意義。

本書收錄的幾十篇文章都是在討論同一個問題：生命結束以前會讓他們回想起來的事。各個年齡層的網友將自身真實故事，上傳至本書專屬部落格*，分享他們的經驗；有的偉大，有的平凡，有的嚴肅，有的引人發噱，但都是他們在回顧人生時，最感動的片段。這之中有些是日常生活的瑣事，有的是一生一次的經驗，本書文章便是從該網站投稿挑選而出。許多故事可能也曾經發生在你身上，有些則可能激起你內心的火花，讓你探索人生的另一種可能。

一般人或許等到年紀大了一些、皺紋多了幾條之後，才會開始思忖人生這一路是如何走過來的。這時我們可能已經有了子女，他們引頸聆聽我們經歷人生淬鍊後的智慧之言。

*網址為www.2dobeforeidie.com。

我們深知有一天將會離開世間，只是不知那天何時會來。因此在大限之期來臨前，為了確定我們所走的方向是正確的，這問題的確值得我們思考。

想像一下你已走到人生的尾聲，並準備列出一張相似的清單，將人生值得紀念的時刻一一寫下，並設想到了那個階段，你會完成哪些事。

在生命結束前，你希望體驗過哪些事？遊歷大峽谷對你而言是一項重要目標嗎？想不想寫一部小說（即使沒有機會出版）？所擁有的時間就這麼多，有哪些事尚待完成呢？

生活周遭有許多事使我們分神，光是要明瞭哪些可以做、哪些不可做已經不簡單，更何況還得判斷，哪些才是眞正值得我們付出心力的事。不管是你每天願意花時間從事的休閒活動，或是你熱切追尋的人生志向，將欲做事項列舉出來，讓我們有機會能提醒自己，什麼才是我們眞正感興趣的事物，什麼才能激發我們的想像力，什麼事物才能讓我們熱度不減、持續不懈。

以下的篇章將會讓你讀到許多故事、課題及建議，而本書最後附了一張空白的夢想清單，在閱讀本書的過程中，你隨時可將自己的想法記錄下來。這張清單與每天提醒自己「待辦事項」的清單不同：當一天結束時，這些「待辦事項」清單下場往往是被扔到垃圾筒，然而「夢想清單」卻是你想好好保存的。

米開朗基羅雕刻著名的大衛像時曾說過，大衛的形象一直存在於大理石岩塊中，他所做的，只是將其釋放出來。當我們建立夢想清單，跟米開朗基羅的說法有異曲同工之妙。就好像拿出塵封已久的文件，將上面的灰塵吹掉似的，去發掘深藏心中的想法、想做又不敢做的點子。

不管你覺得自己是否富有創業精神、喜不喜歡冒險、居家型還是浪子型，還是自認爲是個藝術家、是繭居族、波波族、樂活族，或是成天混日子的人、沒什麼指望的人，一定都能列出自己的清單。就當作你試著想寫本驚天動地的回憶錄，而這張清單是你的草稿或是把這份清單當成個好機會，把你想經歷的事，該進行哪些步驟，一項一項地寫出來。

夢想清單和購物清單有異曲同工之妙。若事先毫無盤算便走進店家，迎面而來的便是成千上萬的各種商品，每一件都虎視眈眈，想要攻略我們的荷包。如果當時肚子剛好餓了，往往看到什麼吃的便不加思索往購物車裡丟；到頭來，推車裡塞的盡是些甜甜圈和冷凍披薩。反過來，假如我們逛超市的時候，肚子餵得飽飽的，我們可能只是拿了瓶飲料就走；結果幾個小時過後，肚子便開始唱空城計。然而，如果我們手上有張購物清單，我們會知道自己要的是什麼；如此一來，不僅不會餓著，還會預備其他食物讓自己細細品嚐。夢想清單也是相同的道理。

不過，這並不是說有了清單，便能買下架上的所有物品，也不是說這個禮拜或下個禮拜就能買齊清單上的所有東西，但我們空手而歸或淪落到只能吃甜甜圈的窘境，機率勢必小了很多。認清想作的事，而非空有成堆的選擇，反而有助我們將時間、金錢及心力投入在我們眞正有興趣研究的事情上。列出清單不是堆積更多待做的事情；相反地，是要我們找出眞正有意義的事，並在個人的慾望與應盡責任之間，加以權衡。

近來，到處都可以看到各式各樣的清單：「十大××排行榜」、「TOP 30××榜」、「熱門××榜」、「千萬別做的×件事」、「最酷×件事」、「最遜×件事」。但「夢想清單」跟它們完全不一樣。因爲不管是朋友、伙伴、老闆、「人生導引葉教授」或是電器工，都不能幫你建立夢想清單。總而言之，只有你自己，握著筆，拿著本書，才能建立這張清單。

從日常喧囂的生活裡跳脫出來吧！靜下心來思考問題，和朋友交換意見，換個角度看人生——包括過去、現在、將來。最重要的是，給自己思考的空間（也許是有生以來第一次），想想自己在人生有限的時光，眞正想做的事情。

建立夢想清單

在你打算著手建立夢想清單之前，這裡有一些原則可供你參考。有的值得特別留意，有的則可一笑置之。

●舒舒服服的開始

你可以找家咖啡店、或點亮一千支蠟燭，或把音響開得很大，聽衝擊合唱團（The Clash）的龐克音樂等。爲自己找一個舒服而可以思考的空間是最重要的。

●萬事俱備

除了文具，你最好也準備下列東西：地圖、通訊錄、日曆、相簿、喜愛的書等。

●利用本書所附的空白清單

基於慘痛的教訓與經驗，我們不建議你把重要的事情寫在紙巾上。這本書附有空白清單，可以讓你記下想做的事。

做你自己

你可以很古怪、感情用事、樂觀、低俗、體貼、懷舊或勇於冒險。你愈老實，你的清單愈能眞正派上用場。

不要天馬行空

擁有X光透視能力、贏得百萬獎金，或者去火星旅行都很吸引人。但是在建立清單時，要記得回歸現實世界。

往大處想

也就是說，提出偉大的目標吧，即使你不確定是否可達成。沒有必要畫地自限。

往小處想

有時候，小小事情也可能令人嘆爲觀止。你的清單大可包括偶發的好奇心，和種種日常生活的新鮮嘗試實驗。

說清楚

「開餐廳」無法眞正表達你的心意，其實你的意思是「在希臘西岸開一家崇尚自然風格的小酒吧」。你的人生目標，應該愈具體愈好。

跟好友分享

清單上的項目要由你自己來建立，但偶爾跟朋友交換意見，也可激發新的想法。或許，你能夠找到一些可以和朋友共同達成的目標。

寫下100個夢想

聽起來是個龐大的數目，但你可以分成10個部分來寫。當然你可以只寫10個，像摩西一樣。不過，清單上的最後20個或30個項目，往往才是你的眞情告白。

人生大不同　●　挑戰極限　●

施比受更有福　●　學無止境

接下來的章節，你將跋山涉水，試穿高跟鞋，遇見羅傑斯先生，表演單口相聲，做一趟橫越全美的公路旅行，跳傘，參加抗議遊行，體會分娩的痛苦與喜悅。

這些都是人們在回顧過往時所寫下的經驗。不管是大事還是小事，就個人而言，都值得回味，且意義深長。

本書的十個單元加上一連串的問題遊戲、以及「今天就做」的建議事項，希望在你建立自己的夢想清單時，能夠帶來無限的靈感。

如何閱讀本書，由你自行決定。如果你喜歡旅行，那麼就翻到「探索世界」；如果你想回顧童年，就翻到「往日情懷」。無論從哪個單元開始讀，現在就拿起筆，提起精神，先去沖泡一杯咖啡——你將會從中找到一些驚喜。

真愛萬歲　●　揮灑自我　●

往日情懷 • 探索世界 •

延續與傳承

• 樂在工作 •

PART 1
往日情懷

1

尋找一位老朋友

2 擁有一艘船

克里斯，59歲，華府

我當時才九歲，不可能開車。我家在湖邊，門前有一條狹長曲折的小路。我最好的朋友住在湖的對岸；從陸路走要兩哩，但從水路只要三百碼就到了。我多麼想要一條船。

查理正好有這麼一艘船。他擁有一個小船塢『不凍港』，附有加油設備和六個船台，專供近海包船和八艘出租小船使用。他當時打算把舊的出租船汰換成耐用的玻璃纖維船，所以要賣掉最後一艘木製的十四呎小船，售價七十五美元。

我手上存了生日收到的零用錢和擦鞋的收入共十八塊六十三分，加上爸爸每星期付給我三塊半的剪草費。父子倆成天聊船的事情，還一起去看那艘船、敲敲底板，花好幾個小時討論，要怎麼湊足買船的錢。後來爸爸提議等我存到三十七塊半，要幫我出剩下的一半。我簡直高興得飛上天。查理同意保留那艘船到我存夠錢爲止，後來我眞的買下這艘船了。

往後三年，那艘船成爲聯繫我跟外界的生命線，是我離開偏僻住家的重要工具。我花了一整年把船殼擦拭磨光，填補裂隙，油漆成白底紅邊，給船舷上亮光漆。頭兩個夏天，我大部分時間都划船遊湖或是去對岸找艾倫、探測並記下每一塊石頭的位置、到淺灘網螃蟹。每年夏天的頭幾週都專門用來保養船、磨光、油漆和打亮。除了剪草以外，我的生活就是船。

身爲船長之子的喬治叔叔教會我如何打船結。第三個夏天，吉姆叔叔借給我一個老舊的五馬力船側馬達，使我的小船如虎添翼。我在湖裡遊了一趟又一趟，還從查理碼頭邊的水道駛出去，越過防波堤去捕比目魚跟鯛魚。引擎咳個不停，又耗油，好像隨時要陣亡一般。我想萬一眞的怎樣了，我大概會漂流到葡萄牙吧。我又擔心又期待，還去圖書館借了本索爾．海爾達的《康奇基號》，想學學挪威人怎樣靠著原木製成的輕筏穿越大西洋。

第三年夏天快結束的時候，凱羅颶風無預警地侵襲新英格蘭。六十八人死亡，災情慘重。暴風雨把五棟房子的殘骸吹到我家草坪，我那艘停在煤渣磚蓋成的小船塢裡的船也被吹跑了。我到處找都找不到，絕望透了。我的船沒有保險，我也沒有第二艘船。隔年夏天我到內陸參加童軍營，後來就離家上學了。

有生之年，我想再買一艘船。

3 遇見童年時代的偶像

班傑明，32歲，紐約市

那是我三十歲生日的週末。才剛下渡輪沒幾個鐘頭，我站在後門走廊講手機談公事，夕陽餘暉灑在地平線上。告別紐約的塵囂，我沈浸在靜謐的麻州南塔克島夜晚。

突然間，沙丘邊傳來熟悉的聲音：「小壽星在這兒嗎？」我轉身看到羅傑斯先生——他比電視上看來瘦小，笑容卻更燦爛——走過來和我握手。

我從小看他的節目長大，他的招牌羊毛衫和帆布鞋對我來說遙不可及，就和貓王、約翰·藍儂一樣抽象，但在那個夏夜，事情卻從此改觀，因爲羅傑斯先生夫婦和我在南塔克島比鄰而居。那晚遇見他，對我的人生起了一些不算大，但深具意義的改變。

隔天我過去找他們。我走過鋪了沙的步道去他家，像個小孩一樣雀躍。他到後頭應門，戴著眼鏡，身穿印有一艘船的白色高爾夫球衫、寬鬆長褲和拖鞋。他笑意盈盈，雙眼就像天上最亮的星。我們坐在可以俯視海景的客廳，客廳嵌了木質壁板，貼滿了他在電視節目裡的照片和剪貼：有伊蓮小姐，假裝國國王「星期五」，還有小鎮電車。

這次拜訪他家最難忘的是參觀車庫後頭的書房。那裡有張書桌，一台電腦，一架小型鋼琴，全都可以眺望覆蓋著淺綠色草叢的沙丘和銀灰色的大海。他突然說道：「談談你父親吧，你母親沒說到他。」從來沒有人問過我這個問題。我告訴他，父母在我十歲時離婚，這件事讓我很不愉快。我的眼淚幾乎奪眶而出。

羅傑斯先生就是這樣，他會問沒人敢問的敏感問題，但又比一般人多了一份心思。他接著說了一句非常得體，言簡意賅的眞心話：「你一定很不好過，班傑明。」

然後他把椅子挪到鋼琴邊彈了起來，一開始彈的是他主持的電視節目主題曲：〈小鎮美好的一天〉。他唱了起來，肢體擺動得比在電視上還要大，臉上帶著笑。接著他爲我唱生日快樂歌。雖然事隔兩年了，這一切仍然像是一場夢。

後來羅傑斯先生和我走到戶外，在艷陽下佇足後門廊，遠眺大海。他問起我在ＭＴＶ音樂台的工作，說他對現代流行文化感到憂心。「現在淺薄而複雜的東西太多了，」他說：「我們需要的是多一點深刻、單純的電視節目、電影，和藝術。」

深刻而單純。

這句話長留我心；那是他的主張，是他這個人的本質。〈羅傑斯先生小鎮〉這節目就如他本人一樣，善良純粹，沒有多餘的言語、亮麗的色彩，或複雜的劇情。他有話直說，不擔心酷不酷，流不流行。他就是這樣，深刻而單純。

隔年夏天我回到南塔克島，邀羅傑斯先生一道吃生日蛋糕。儘管下著傾盆大雨，他還是來了。他穿著深藍色連身褲裝，行動有些遲緩，感覺有點虛弱，但仍然使滿室生輝。在場我們這些大人一下子都變成笑呵呵、要討他歡心的小孩。

羅傑斯在沙發上挨著我坐，看我拆開禮物：一件明亮的黃色T恤，正面是星期五國王，寫著**TGIF**（星期五萬歲）；一本封面有鏡子的小書，附有繫緞帶的書籤，書名叫《特別的你》。他在書頁裡寫道：「祝班傑明生日快樂。好鄰居弗萊德．羅傑斯贈」。

窗外，暴風雨大作。與他併肩坐在火爐邊，我告訴他，我常想到我們那段「深刻而單純」的談話，而且我常向別人提起那段故事。「把訊息傳出去，把訊息傳出去。」他說。

歌功頌德的文字往往是急就章且毫無藝術價值，這篇文章亦然。但我心中滿是愛與感恩。感恩我能在當代一個傑出藝人的生命中占據片刻，感恩我永遠有個偶像，他代表一切善良、誠實和誠懇的事物。往後，在生命畫上休止符以前我所要做的，就是竭盡所能，過深刻而單純的生活，並持續把這個訊息傳出去。

今天就做

4

和不同世代共度一天

搞不懂老人在想什麼嗎？
和青少年格格不入嗎？
何不花點時間，了解老阿媽，認識少年兄。
翻翻相簿，和家人聊聊，去認識那些從來沒機會見面的瘋狂親戚，聆聽可能再也聽不到的家族故事。

註：愛上夜店飆舞的老奶奶與愛玩老人賓果的青少年，可別把這點當作藉口。

5

和生母見面

莎朗，51歲，紐約州

那天早上，我撥了她的電話，是個女人接的。我慌了，什麼也沒說就掛了電話。我該說找誰？我該說我是誰？如果她知道是我打的，會不會掛掉電話？這類問題讓我愈想愈擔心。我猜想如果直接跑到她家，她比較不容易打發我，所以我請一位朋友開車載我去北卡羅來納州夏洛特，也就是她的住處。

我焦慮地換上衣服又脫下，發現我沒有適合這個場合的服裝。女兒第一次見媽媽，應該要穿什麼？我決定穿有渦紋的褲裙和很相配的背心，應該沒問題吧？

我的朋友唐準時抵達，我們便上路了。他爲我感到興奮，我卻緊張得很。差不多一個鐘頭後，唐將凱迪拉克停在一幢雙併平房門口，門牌是2404——我已經背下地址了。我坐在冷氣車裡練習待會要說的話。然後我一手搭在車門開關上，轉身問唐：「你確定一小時後會回來？」他回答：「對，我會回來。」

我打開車門，陣陣熱風弄皺出門前我燙過的套裝。無所謂了，反正到門口的距離似乎有幾個路口那麼遠。好不容易走到門廊前，沒看到電鈴，所以我敲了門。「是誰啊？」我沒有回話，那聲音再問了一次：「是誰啊？」

「呃，我找亨莉葉塔・麥凱太太。」

「誰？」

「麥凱太太，她在嗎？」

「妳是哪位？」

「我是莎朗，莎朗・李察森。如果妳是亨莉葉塔，我是妳女兒。」

「妳說妳是莎朗嗎？」她聽起來像在說「沙倫」，那一刻我眞想跑得老遠。

「沙倫，眞的是妳嗎？」

「我的天啊，進來讓我看看妳。」我踏進涼爽陰暗的走廊，她將我身後的門關上並上鎖。「進來這裡。」我跟著她進客廳，一張綠色間雜金色的沙發和雙人座椅都覆蓋著塑膠套。她坐下後也要我坐，我坐下時聽見塑膠套發出聲響。她緩緩地說：「我早就知道妳會來。沒錯，我知道。」我可沒這麼確定。爸爸要我相信媽媽在我九個月大時拋棄我；對爸爸來說，媽媽已經死了。但是我不肯相信這個說法。我寧願相信在某個地方，我有個美麗慈愛的媽媽。

她坐在我對面，身穿格子短褲和無袖紅色上衣，有一頭灰白色短捲髮。她的下巴很長、有點尖，我的下巴和她很像。

「妳爲什麼拋棄我？」我脫口而出。這不是我事先演練的台詞。我向她道歉，媽媽說她能了解；需要抱歉的是她。我聽她回憶當時離開的細節，和爸爸說的版本完全不同。我非常專心聽她說話。好像才過了幾分鐘後，有人敲門。她去開門，是唐回來了。原來已經過了一個鐘頭。媽媽的話使我驚訝又困惑，我還想把剩下的故事聽完。

我向媽媽介紹唐，然後問她能不能再和她聯絡，或許可以打電話給她？她說沒有問題。

我急急走回唐的車內，像回到一個避風港，媽媽站在門廊看我們離開。我擠出微笑向她揮手道別。車才在街角轉彎，我的眼淚就迸了出來，然後放聲大哭。我胡亂在皮包裡找面紙。

我當年二十五歲，頭一回見到親生母親。

6 重拾滑板

查德，32歲，洛杉磯

1988：好友克里斯準備在我們小公園的半管滑板道挑戰「垂直下衝」，我才正要說：「你確定要這麼做？」他已踏上滑板縱身一躍，不料隨即摔跤，臉砰地一聲撞上水泥地，滑板往後飛去。克里斯當場下巴血流不止，我們趕緊將他抬到購物車上，往最近的急診室衝去。縫了四針後，克里斯發誓再也不玩半管了。

2004：我站在雀兒喜碼頭的「極限滑板公園」外，看著新世代的滑板玩家在最新型的坡道上溜來溜去，不禁想起克里斯。我開始嘲笑那些在平滑的高級坡道上滑行的年輕人，他們根本沒見識過我們「當年」的英姿。直到我看著一位青少年表演了完美的垂直下衝（在半空中一腳離開滑板，同時轉身），原本倚老賣老的想法，突然轉變成對年少時滑板歲月的懷念。

三十二歲的我，距離青少年歲月已經很遙遠了。我無意重返往日時光，卻很想念滑板。然後我想起世界滑板冠軍湯尼・霍克至少大我三歲，但他仍然每天玩滑板。也許重新開始還不嫌遲。

到了滑板店，我看到幾個年紀與我不相上下的客人——有的甚至比我年長——也許我還不算太瘋狂吧，這才鬆了一口氣——不過後來才發現他們是來爲孩子買滑板的。最後我掏出二百塊美金，買了最好的滑板、護墊，以及特大號的安全帽。

爲了避免被太多人撞見，滑板公園一開門，我就去報到了，直接往「小管」走去。小管在滑板來說，幾乎等同於「兒童池」。我口裡喃喃唸著：「護腕保護我」，全身肌肉在休眠十六年後，終於緩緩想起滑板的感覺。

我的雙腳漸漸習慣滑板的感覺，但我還是沒挑戰下衝，後來一個十四歲的玩家也出現在小管前。

就像心電感應似的，那位滿臉雀斑卻一臉老成的男孩問我：「你下衝了沒？」

「十六年沒碰滑板了。」

「你要是不下衝，就很難『鐘擺』了。」

我愣住了。「鐘擺？」

「是啊，就是你現在練的啊。」

我在坡道上不斷前後滑動，其實就是在練鐘擺，也就是十六年前我和克里斯一同練習的技巧（克里斯還摔破下巴）。鐘擺包括下衝和倒滑——也就是先將前輪卡在坡道頂端，稍停一下，然後不轉身就直接倒溜回底部，滑動方向和一般的行進方向相反。這是入門級坡道技巧。

但我始終無法成功倒滑。男孩靜靜地觀察了五分鐘後開口說：「你要真的往下衝才行。」

「可是我覺得好可怕。」

「是啊，我第一次試的時候也怕得要死。」男孩笑了笑。

他示範了正確技巧，包括雙腳怎麼擺，以及如何調整重心。

我站在小管的頂端（其實不過一公尺高），把腳放在起步位置，卻仍躊躇不前。男孩大笑著說：「去做就是了，你觀望越久就越怕。」

於是我後腳一蹬滑下坡道，才到中點就失去平衡往後摔。

「就是這樣。下次記得身體再往前傾一點。」

所以我再往前傾，這次順利滑到另一頭。雖然動作不是很帥氣，但至少沒跌倒或摔破下巴。

男孩意味深長地摸著安全帽的綁帶。

「你現在可以試試倒滑了。」

「還不行吧？」

我的小老師聳聳肩說：「遲早得試它一試。」

我從坡道稍稍往下滑，在頂端卡住輪子，停住不動——那眞是光榮的一刻——然後倒滑回坡道，接著重重摔了一跤。彷彿爲畫下句點般，我的滑板飛到空中至少有六公尺高。雖然沒摔斷骨頭，我仍感到一陣灰心。我抬頭看看男孩，他緩緩地點了點頭，微笑著說：「就是這樣，你的鐘擺成功了。」

還有很多地方需要加強，不過男孩說得沒錯；儘管動作不怎麼優雅，但我的確成功了。雖然離垂直下衝還差得很遠，但就像男孩說的，「遲早得試它一試」。

今天就做

7

翻出童年時代的寶貝

今天就翻出那些對你曾經具有重大意義的東西，
將它放在客廳最顯眼的地方。

8 回老家看看

佩姬，37歲，華盛頓特區

一個粉紅色的巴尼*橡皮擦。我知道我該講個更普魯斯特一點的東西，像是瑪德琳小蛋糕。然而，撥動我心弦的，就是那個粉紅色的巴尼橡皮擦。

父母搬出德拉威州威明頓老家的隔天，我又回到那裡，在屋裡繞了一圈。我在這棟屋子裡長大，爸媽更是在這裡住了超過三十六年。現在我在華盛頓特區已經有了自己的房子和家庭，不該再把這兒當成家了，但我仍然覺得這是我的家。

這是我童年時代的家——我們曾在屋後的小溪踩水、打水仗、丟泥團；後院生銹的鞦韆架和翹翹板直到幾年前才拆掉；還有那棵長得比其他樹都高的櫟樹，有時候，樹枝會在半夜隨著微風吹動輕敲臥室的窗玻璃，嚇得我從床上跳起來，衝到爸媽的房間，窩在媽媽身旁睡。後來我漸漸長大，床擠不下了，偶而就蜷在他們房間角落的躺椅上，聽著爸爸打呼的聲音，感覺安心許多。

我從後門進屋，走進廚房，忽然感到鼻頭一熱。我就是回來拿那張木桌，我打算把它帶回華盛頓，放在我和先生及兩個小女兒共組的家中。眼前的木桌似乎比印象中來得小。

「克制一下，」我心裡想著：「妳才看到廚房罷了，還有很多地方沒看呢。」

我吞了一口口水，繼續走過空盪盪的房子。家人陸續搬出去，現在只剩這間房子了。我走過遊戲間、客廳、餐廳、書房，還有玄關。走上樓梯，穿過我以前的房間、又走進爸媽的房間。家具已經搬空，地上散落著幾只襪子和圍巾，表面蓋了一層薄薄的灰。在浴室裡，有條擠得差不多的牙膏，蓋子不見了。「媽老是學不來，」我看著那條牙膏想著。我家和大多數的家庭不一樣，老是我在唸我媽：牙膏用完後要把蓋子蓋回去。

我想，該去看看我的舊房間了。

房間已經清空，只剩下一張白色的柳條搖椅，上面還有綠白相間的格子坐墊。眞不曉得搬家工人爲什麼漏了這張椅子，現在，大概誰想要就可以來拿走吧。我坐了上去，慢慢搖著，看看四周，看著窗外四月天仍光禿禿的枝枒。我看著那面牆，回想起過去到了耶誕節，天還沒亮，弟弟就會從隔壁房間敲牆把我叫醒。「起床啦，佩姬！起床！」此時此刻，我彷彿聽到他的聲音隱隱約約穿過厚厚的灰泥牆。

我再也控制不住。想到要和我的老家、我的房間、我的童年告別，便淚如泉湧。哭著

＊巴尼（Barney Rubble）是六〇年代十分受歡迎的美國卡通影集〈摩登原始人〉（The Flintstones）主角之一。

哭著，許多事情紛紛湧上心頭。一開始只是輕聲啜泣，而後淚流不止，最後更是全身顫抖。我坐在那兒，搖著、哭著，在這個充滿回憶的地方，想著不可知的未來。

然後，在房間的角落，我發現了掃成一小堆的廢紙和垃圾。有個粉紅色的東西吸引了我。我彎腰撿了起來，原來是個沒用過的巴尼橡皮擦，那粉紅色就像泡泡糖一樣鮮豔。我們以前總把這種橡皮套在鉛筆頭上。這玩意鐵定超過二十五年了，可是看起來仍然像新的一樣。小孩子都有專屬的藏寶箱來裝這些玩意兒，箱子裡還有外國硬幣、幾顆大理石、乳牙，和總統大選的胸針。看著那個複製出巴尼矮胖身材的粉紅色橡皮擦，我不自覺地輕輕哼起《摩登原始人》的主題曲，臉上帶著一絲微笑。

好了，我知道我得控制一下。我也知道，是要告別、再向前行的時候了。最後一次擁抱，然後放手。但是感覺上，放掉的似乎不只是這棟老房子。我三十七歲，第一次感受到，我真的要離巢而去了，再也不會回來。

我握著那個橡皮擦，讓它緊緊貼著我的手心，我不知道到底該不該把它丟回那堆垃圾裡。最後，我把它放進了口袋。我想，兩個女兒看到這個，應該會很高興。

9

追尋祖父的腳步

彼得，64歲，加州霍李斯特

這些明信片般大小的信件，用米色緞帶捆成一疊，約莫四吋厚。其中除了兩封信的郵票還在，其餘的都已被工整地剪下。信件上郵戳標示的地點全都是阿拉斯加的諾姆（Nome），日期是一九〇〇年六月到九月。

有一回在祖母加州的公寓中「尋寶」時，我在櫥櫃中翻到這些信件，那時我差不多才十歲。我不敢拆開來看，也不敢問大人這些信件的事。

後來想想，那時可眞傻。

祖母過世以後，這些信傳到我手上，一樣還是用緞帶綁得好好的。但一直到了五十幾歲，我開始對家族歷史產生興趣之後，才打開來看。

這些信是我祖父查理寫給祖母麗姿的。信中提到淘金之旅沿途經歷的冒險，以及淘金過程的點滴。那是美國最後一波淘金熱。

我還沒出生，祖父便過世了；而可能知悉這些往事的親戚朋友都已作古。以前聽他們說到祖父，據說喝酒賭博樣樣來，愛和女人打情罵俏，歌喉一級棒。這些信證明了確實如此。

祖父在信中的描述很生動，讓我想進一步了解一九〇〇年夏天，諾姆地區的淘金熱。信中提到諾姆地區的夏天沒有黑夜，採礦工程馬不停蹄，世界各地的淘金客蜂擁而至，期盼實現發財夢——或只是爲了從現實生活中逃避。

看了這些信和後來蒐集得來的資料，讓我決定在一九九七年夏天前往諾姆。我忍不住想探究是怎樣的時代氛圍，驅使包括祖父在內的兩萬多人，在一九〇〇年的仲夏，前往今日依舊是邊陲地帶的諾姆，前仆後繼地揮灑血汗。

即使到今天，位於舊金山西北方兩千八百哩的諾姆仍然相當偏僻荒涼。站在白令海湛藍的海邊，我彷彿回到了九十幾年前的六月天，當「聖保羅號」停靠諾姆岬角，祖父踏上陸地的那一刻。

往北走到「麋溪」地區，進入苔原地帶；祖父打道回府之前，在這裡占據了一塊地。返鄉的行囊裝的不是金塊，而是難忘的回憶。他是否打算再回來挖礦？若是如此，又是什麼讓他無法成行？

最近我常想到查理的父親，也就是我的曾祖父，他又有過什麼樣的冒險旅程？曾祖父每到一地，便在當地辦報，稱得上是報界先驅。將來有一天，我會循著他所留下的足跡，一一探訪他逐漸為人淡忘的故事。

曾祖父從都柏林出發，路經利物浦、墨爾本到霍基蒂卡——一個位在紐西蘭南島西岸的小鎮。

霍基蒂卡，我來了。

你｜也｜可｜以…

跟另一半一起看兒時最喜歡的電影．辦睡衣派對．週末睡一整天．帶媽媽去外面吃．玩街頭曲棍球．跟朋友玩大富翁．自己烤點心．看小時候愛看的漫畫書．打保齡球．去夜店跳舞．站在橋上往下吐口水

命運

什麼地方
最有家的感覺？

你的清單上
列出什麼事項？

START
起點

說出你希望當年
十幾歲的自己能
做得更好的一件事。

機會

你用自己的錢
買的第一張唱片
是哪一張？

在你的成長過程，
惹出的最大麻煩
是什麼？

如果現在遇見
你的童年偶像，
你會有什麼反應？
你會問他/她什麼？

哪一位高中同學
你很想再見一次面？

一位老師啓發過你？
一位朋友曾幫你解危？
出你很想感謝的一個
人。

機會

你在十二歲的
時候，最喜歡
看哪一本書？

什麼事情是小時候
你很喜歡做，卻常
受到勸阻的？

你牙牙學語的
第一句話是什麼？

你最早的回憶
是什麼？

機會

說出一個
你很想再做一
的童年活動。

說出一件
小時候很想要、
但得不到的東西。

Part 1
往日情懷

你知道你的祖母
在那兒出生嗎？

說出一位你很想
多認識一點的親戚。

有哪一段家族歷史，
是你想知道更多的？

命運

哪件事情讓你從小
一直放在心上，
過意不去？

說出你十六歲時
曾有過的一個目標，
儘管現在已經不在
你的清單上。

NEXT
探索世界

最令你難忘的
家庭旅遊
是哪一次？

你什麼時候
第一次覺得
自己長大了？

命
運

PART2
探索世界

10 到南極看日出

11 到印度當背包客

喬翰娜，32歲，倫敦

西方文化常常教導我們：只要衷心企盼、努力追求，就能得償所願。問題是，我們往往不知道自己要的是什麼；無所不在的廣告和行銷手法已經主宰了我們的慾望和需求。我知道自己有所企盼，只是我得先找出自己企盼的是什麼。我的工作和心理諮商有關，壓力繁重，我準備辭職去「做點別的事」。

買了張不預定回程日期的機票到印度，也不事先規畫行程，對我來說是脫軌演出，極具有象徵意義。就好像不帶安全索和岩錨去攀岩一樣，我想要了解我自己是誰，以及我的能耐在哪裡。

回來以後，別人常問我：「你那時候一個女生獨自去國外旅行，不會害怕嗎？」聲音裡透露著擔憂，讓我都覺得自己應該要害怕才對。但事實上那時我腦子裡的「大事」就是能不能在印度買到吉他弦，或者其他隨便什麼弦都好，根本沒時間想到個人安全這種「小事」。

我離開倫敦的前一晚，在歡送會上弄丟了信用卡。爸爸代我申請一張新卡，轉寄到里斯凱許郵局。十天之後卡送到了，可是十分鐘後就在郵局外連同一袋芒果被猴子給偷走，兩個星期後才等到另一張新卡。沒有信用卡的日子裡，我只好先在當地做短程旅遊。如果你的命運操在猴子手中，你大概也會比較尊重命運一點。

我覺得在異地旅行，往往要相信直覺。如果畫一張我在北印度頭三個月的旅行路線圖，看起來應該像這樣：

唔，我承認，並不是非常有計畫、有組織、很西方風格的路線。事實上，我覺得照旅遊手冊上的必遊景點清單去旅行十分荒謬愚蠢。不，我要像蜘蛛一樣四處橫行，沒有目的地晃來晃去，直到我滿意爲止。

我發現到了印度，一切都不太照邏輯走，事情總會有意想不到的神奇變化。

我在阿姆拉則車站認識一位女性，她買了

一張到德拉敦（鄰近里斯凱許）的火車票，準備參加十天的禁語冥想。我一直想嘗試冥想，不過遲遲沒付諸行動，而她卻很擔心這趟旅行，因爲她本來答應跟一個女性友人當冥想室友，但兩人後來鬧得不太愉快。我手上拿的是一張到卡奇沼澤地的車票，這女人似乎對我的目的地很感興趣。聊了一會之後，我的直覺突然告訴我應該採取行動。我說：「好，那我們來交換吧。」

我們便交換了車票，也交換了命運。那女人坐上到沙漠去的火車，我坐上火車再度回到里斯凱許，和另一位女性當室友，安靜冥想，履行我到印度的目的：整理思緒。整整十天沒有說話、比手勢、閱讀、寫字或畫畫，專心地依照步驟冥想。暫時脫去「那層外衣」，使我更能深入內心，進行心靈的淨化和療癒。

前三、四個月我恣意悠遊，後來發現不能一直這樣下去，便很快改回西方式的勾選清單式旅行。後來爲了參加朋友的婚禮而回到家鄉時，我整個人已經煥然一新。拜這趟旅行之賜，我更懂得如何傾聽自己的直覺，並且依照直覺行動。在此之前，我完全聽不到內心的聲音。

七年過去了。雖然我仍然在勾選清單，但我很清楚我勾選的都是我要的。

12 在義大利住一年

艾瑞克，32歲，洛杉磯

約莫七年前，我跟新婚妻子到波利維亞度蜜月。我們參觀了波托西一處銀礦坑後，翻著我們那本名爲《小氣鬼漫遊南美洲》的旅遊指南，差點就要南下阿根廷去找工作。後來我們決定結束旅程，回到美國，並說好以後有機會，一定要到國外住上一年。

我們回洛杉磯時，差不多趕上慶祝結婚週年。不到半年時間，我們倆都有了全職工作，要繳車貸、房貸，第一個小孩也快出生了。我們的夢想正一步步實現——有房子，有另一半，有孩子，有狗，週末要除草、烤肉，或是進行一些比較費事的修繕計畫。

沒多久，我們的第二個漂亮寶貝也來報到。生了女兒之後，越來越難想像，我們如何有時間和閒錢到外國去住上一年。有一次到丈母娘家吃午餐，她提到她才剛恢復義大利公民身分，也就是說，我老婆跟兩個小孩也有可能變成義大利公民囉。我看了看抱著寶貝女兒的老婆，再看看正用兩大口解決掉一塊派餅的兒子，在外國生活的夢想重新湧現。於是我說：「我們該搬到那兒去，讓孩子學點義大利文很不錯。」老婆愛死了這個點子。

接下來是長達兩年的猶疑擺盪。我每天幾乎都會從興奮變成害怕，然後又回頭開始興奮。我滿腦子都是複雜的後續問題，並開始懷疑成行的可行性。如此反反覆覆也使得妻子情緒大受影響，最後，我們爲了到底是誰先有這個夢想大吵一架，這場爭執在妻子的淚眼婆娑下收場。我告訴她，這個計畫難度太高了，她明確表示再也不想去了，她是認眞的。在我心底，一部分是認爲這件事情很不容易，一直苦思不出解決之道；但當我明白這意謂夢想就此破滅時，我又覺得非去不可。從那一刻起，我們要去義大利，去定了。

問題是怎麼去？一對年輕夫婦，有兩個小孩要養，還有龐大貸款，而且毫無積蓄，沒旅遊簽證，也沒門路，要怎麼從尋常的軌道中抽離一年到義大利圓夢？要怎麼把全部的生活打包，把房子出租，然後一走了之？要怎麼從一個簡單的想法開始，走到「義大利已成爲甜蜜往事」的那一端？嗯，就照著平時做其他事的方法來吧：別去想失敗的可能性。我們踉踉蹌蹌地往前衝，跟龐雜的待辦事項清單拼了。

當然，這意謂著我們要花無數的時間，奔走義大利警局以及政府機構，還要忍耐小孩在一旁高唱：「誰愛威尼斯？威尼斯是場惡夢。」然而，一切都是值得的。在馬焦雷湖的霧氣中，看到五歲兒子玩眞人大小的西洋棋；威尼斯嘉年華期間，在聖馬克廣場看著來自世界各地的遊人爭相爲三歲女兒拍照；在第勒尼安海的夕照中，看到妻子和兩個小孩在一條大毛巾下相互依偎；在火車上和一個那不勒斯來的男子玩紙牌；和房東暢飲白蘭地；在盧利多吃海鮮；秋天時踩過梵蒂岡圓頂教堂周遭的落葉；啜飲聞起來有羊騷味的私釀酒；一個矮小的義大利籃球隊教練說我太胖不能打球；品嚐「只應天上有」的義大利冰淇淋；以及看著孩子登上他們外公老家的古舊階梯——爲了這一切，再千百倍的麻煩，我也甘願承受。

同時還有些意想不到的收穫——這些新發現似乎是爲了獎勵我的努力——我體會到什麼叫處變不驚，重新了解走路和體能活動的重要性，享受不必工作的日子，而或許最重要的，是重新點燃我和妻子在多年前初次相見時，彼此那種刺激冒險似的愛戀。

13 登上富士山

艾瑞克，22歲，華府

如同每一個穆斯林都要到麥加朝聖，每個日本人一生至少要爬一次富士山。事實上，日本人並不把富士山當成沒有生命的岩石，甚且尊稱爲「富士先生」。雖然我是美國人，但是爬富士山一直是我想嘗試的挑戰。

登山當天，我和幾個朋友在晚間九點搭上公車，午夜到達山腳後開始步行。三更半夜爬山好像很怪，不過我們打算在日出前攻頂。聽說連童子軍和老婆婆都能登上這座高聳卻不算陡峭的巨山，使我們太過自信。我們一路互相比賽，看誰先攻頂。

到了凌晨兩點，我已經筋疲力盡。登山客在我四周來來去去，而我和同行友人已經失散好一陣子。我想那時起碼有幾千名登山客，而我只看得清腳下的路面、前方的路燈，以及身旁左右兩個人。每個小丘頂都讓我以爲登頂了，但是前方總還有大段山路。

幸好日本人非常了解富士先生的魅力，所以一路上有許多小屋可供登山客歇息。全世界都找不到這種休息站；美國高速公路旁的休息站完全不能比。每間小屋就像小型的旅館，有完整的菜單、住宿設施、自來水與全套盥洗設備。我在小屋裡休息，和一位日本老太太並肩而坐，吃著一大碗叉燒拉麵，手肘幾乎靠在一起。我雖然和隊友分散了，在小屋裡卻感受到前所未有的同道情誼；我跨越了世代和語言的代溝，和這位陌生人心靈交流。我們聊著接下來有哪些路段，互相鼓勵要「甘巴爹」（加油），努力登上山頂。

後來我在小屋歇息片刻，恢復精神，到了凌晨三點，又繼續上路。過了幾分鐘，我看到一個「無毛大雪怪」，原來是我的朋友喬正躺在岩石上睡大覺。他雖然只穿著襯衫，眼鏡不見了加上口齒不清，但是我絕對沒有認錯人。喬原本走在我前頭，因爲走得太急，出現高山症的症狀。我們倆同心協力，互相勉勵要一步一步走下去。到了破曉時刻，我們就快要抵達山頂了。

黎明時的富士山頂是我最想看到的景色。喬已經很疲憊，他感覺得到我一心想要及時攻頂，所以讓我超前。我心急不已，越過碎石堆後在山徑上衝刺，終於登上山巔。

我親眼看著富士先生的旭日升起，那壯觀的景象實在太震撼了，幾個鐘頭的辛苦健行非常值得。我從壯麗的山脊俯瞰山下的鄉野，美得令我屏息。我們一群人之中，最後只有我和喬攻頂。那天我感到非常驕傲。

14

和筆友友誼長存

席爾瑪，71歲，加州伍德蘭崗

一九四六年我十三歲時，曾在波士頓兒童醫院接受心臟手術，住院三週。住院期間，我看到雜誌上刊載有關「國際筆友聯盟」的消息；只要繳一元美金，他們就會寄給你三名他國青少年的資料，讓你們能彼此通信。

後來我開始和一位同齡女孩當起筆友。她叫做貝蒂，住在英國約克夏州。我們的筆友情誼一直延續至中學、各自結婚、她的兩個兒子以及我的四個孩子陸續出生。

一九六七年我和丈夫初次造訪英國，貝蒂和我第一次見面。我們從倫敦開車到艾力斯卡，也就是貝蒂一家人居住的煤礦小鎮。

貝蒂一打開家門，她先生便站到一旁，我和貝蒂看著彼此，哭了起來。那真是令人感動的一刻。我們在她家住了三天，聊著成長過程的點點滴滴。貝蒂告訴我，我在一九四六年寄去的那些食物和衣物，幫她們家熬過了一段日子。現在她的父母在鎮上開了一間酒吧，而且她父親還留著當年我寄去的領帶和毛衣。

後來我和丈夫又陸續造訪了約克夏五次，一九八六年貝蒂來美國時住在我家。現在我們都七十一歲了，這段珍貴的友誼，已經持續了將近六十年。

你｜也｜可｜以…

到梵蒂岡參觀西斯汀禮拜堂．造訪活火山．在沙灘上睡一覺．攀登厄瓜多爾的科托帕希火山．在西班牙學畫．到夏威夷衝浪．觀賞加州的紅杉樹．在死海游泳．在南太平洋的東加國釣魚

今天就做

15

在住家附近探險

你是否厭惡擁擠的地鐵、老是塞車的公路，巴不得有市內直升機？
今天就把這些拋諸腦後，動動雙腳走到目的地，同時好好觀察一下住家附近吧。

逛逛大街上的每間商店——偷聽他人對話——欣賞牆上塗鴉——跟著某個人走一段路——想做什麼就做——在公園裡漫步，感受赤腳踩在草地上的感覺

欣賞風景！看高一點——馬仰起頭，用各種沒嘗試過的角度往上看。
享受氣味！深吸一口氣，感受一下住家附近獨有的味道。
留意細節！帶著相機，拍下招牌或某些空地等，本來沒注意到的有趣小地方。

走路——人類和猴子最大的不同之處

穿上舒適可靠的羊毛襪，帶著飲料，準備好相機——馬上就去探索附近一帶有哪些神奇祕密……

16

開車橫越美國

安迪，39歲，馬里蘭州安納波里

開車橫越國境這件事，的確是很「美國」的。說不上為什麼，或許根源自超過一個半世紀前的西部拓荒史？又或許，是來自電影中對這塊土地和人民的迷思。但是，如果不曾開車橫越美國，你絕不會知道美國有多大。這點，我相當確信。

究竟想追尋什麼？我那時大概太年輕了，可能連要去追尋的念頭都沒有，更別談找到什麼。那時出發的目的就是去體驗世界：上路出發，如此而已。

我和兩個朋友由密西根的安娜堡出發，目標是大峽谷。開著、開著、不斷開著，像綠色浪潮般起伏的玉米田逐漸轉為貧瘠枯黃的不毛之地。到了德州北部的阿馬里格，我們因為超速被攔了下來。我還替那警察拍照留念。

時間不斷流逝，五小時、十小時、二十小時。

上路整整二十四小時之後，到了晚上十點，我們駛進新墨西哥的阿布奎基，找了家最便宜的汽車旅館，訂了間三人房，癱倒在床上，睡得像三根木頭。

離開阿布奎基後，景色有了變化，天地愈來愈開闊。車子緩緩爬上一座小山，大地向四方開展、綿延數百里，地平線那一端彷彿微微顯出地球的圓弧。就在那一刻，我深深感受到自身的渺小。那微不足道的自我彷彿一下子隨著遠方的公路消融在視線盡頭。

我們隨興停車駐足。岩畫、石化森林，和古老的原住民遺跡深深打動了我。那些岩石上的畫，鮮明得就像是一週前才刻下。

終於，我們來到了大峽谷。不論從什麼角度欣賞，都是壯麗非凡。我們選了較少人走、也較爲野性質樸的南緣；特別是在峽谷底部，有個美洲原住民蘇巴族（Supai）聚居的村落，不容錯過。

村落中，小溪奇蹟似地由峽谷底部湧出，鑽出地面時，礦物質含量已經過高，不適於飲用，但那溪水藍得耀眼，前所未見。經過千萬年的積累，溪中的礦物在大自然的鬼斧神工下沈積磨蝕，看來就像是流水瞬間靜止、永留於那一刻。石上長長的裂紋彷彿肌肉組織內的纖維似的。河面光滑如冰；雖然看來靜止無波，卻似乎隨時會掀起漣漪。

在蘇巴村落逗留兩日後，我們一行三人前往截然不同的另一個地方：拉斯維加斯。亞歷桑那州和內華達州恍若兩個世界：永恒和世俗、靜謐壯麗和燈紅酒綠；儘管兩地僅僅相距一、兩個鐘頭的車程。我知道，在我死後，無論置身天堂或地獄，離另一端都不會太遠。它們需要彼此，經由對比，才顯出自身的意義。

我們抵達時是八月某個週日，拉斯維加斯一片寂寥。不過淡季有淡季的好處。我們原本訂的是廉價雅房，卻住進有大理石裝潢的高級套房，三個塵土滿身的小夥子樂壞了。

在拉斯維加斯，啤酒價錢公道、隨手可得；在高級賭桌上更是免費供應。我們盡情暢飲，也在賭桌上小試身手。拉斯維加斯正如傳說一般：奢華、壯麗、墮落、痛快。小酒吧裡，肥胖的歌手穿著不甚講究的燕尾服講冷笑話。五十幾歲的男男女女從巴士危顫顫地蹣跚而下，打著平價的波洛領帶、梳著高聳的蓬髮。

最後的旅程便是返家之路。

當我回顧這段過程，卻若有所失。我們忙著從一個地方趕往下一個地方，卻忽略了沿途經過之處。若能重來，我不會這麼急著趕路，要走入更多鄉間的無名小徑、造訪路旁的卡車加油站和餐車，到小酒店一探、和當地人攀談，看看他們如何終其一生於一地，或許會遇到那些夢想著要去拉斯維加斯的人。我會和他們談天說地，靜靜聆聽他們的故事。

那一年，我二十三歲。

如果還有下一次，我一定會讓旅程更完滿。

17

夜空中的彩虹

勒斯，81歲，英國

現在的年輕人在十八歲左右，常常先花一年時間到處遊歷，然後再繼續學業。這世界就像是座寶庫，每個人都有機會去挖掘其中的寶物；從搭上飛機的那一刻起，不管要到全球哪個角落，都可在二十四小時內到達。

現在跟著我的想像，回到第二次世界大戰爆發之初。那時的我，是個出身倫敦東區的十八歲小伙子。

那時可沒有這種自由。

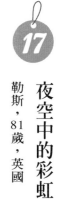

每個人都在十四歲就被迫離開學校。我被政府徵召加入英國第十四陸軍團，接受基本的軍事訓練後被送上軍艦，搭了六個星期的船，到遠在天邊的叢林去打日本軍隊。那是一個我從來沒聽過的國家——緬甸。

抵達緬甸時正逢雨季；我和同袍每日在叢林裡披荊斬棘，開出一條生路。涉水過河常是泥淖及膝，窒礙難行，河中又滿是水蛭；永不停歇的大雨將我們淋得渾身濕透，分分秒秒還得提防日軍虎視眈眈，深怕一轉身就遭到敵人突擊。

物資相當匱乏；所謂的晚餐，不過就是一罐又一罐稠糊的醃牛肉，配上乾糧，而這些還是在情勢許可時空投而下的。

時間在這裡毫無意義，沒人知道戰爭何時才會結束、是戰勝還是戰敗？事實上，我們甚至懷疑回不回得了家、見不見得到家人。然而我卻在這般惡劣的環境下，經歷了永生難忘的時刻。

由於飽受大自然各種惡劣環境所折磨，我們軍團決定從緬甸撤退到加爾各答，一來可稍事休息，再者可重新整備。

有一晚，由於戰事壓力稍減，我喝了幾瓶當地釀製的啤酒，慶祝逃離熱帶叢林和日本鬼子的魔掌。那晚午夜一過，便開始下起大雨。儘管雨勢不小，一輪明月依舊高掛天空，發出銀白色的光芒。

過了一會兒，我們的頭頂上方出現一拱長虹，鮮明的七色與闃黑的夜空形成強烈對比。夜裡的彩虹！整個軍團沒人見過這般景致。印度穹蒼上的這一幕著實令我驚豔不已。

返回家鄉後，每向家人提及此事，總無法取信於人。誰會相信晚上看得到彩虹？事實上，隔了五十年之久，我才向氣象局求證並得到書面回覆，證實這樣的天文現象是有可能發生的。另一方面，也藉此向大家證明，我不是打仗打到精神失常。

那次在半夜看到彩虹的經驗，雖然不過短短幾分鐘，卻在我心中烙下了深刻的印象，足以慰藉叢林裡那匱乏悲苦的三年。

不論你是像我一樣被迫離開家鄉，還是自己決定遠行，在心裡毫無預期的情況下目睹這般美景，格外令人目眩神迷。即使是戰爭的慘狀，依舊無法掩蔽地球爲我們保留的自然奇蹟，而我有幸目睹其一；然而，我仍衷心期盼干戈就此止息，永世承平。

18

在喜馬拉雅山的洞穴冥想

麥特，33歲，芝加哥

大學四年已經過去一半，我不知該何去何從，愈來愈不滿意生活中所發生的一切。於是有了一股強烈的欲望，想要到遠方旅行，暫時拋開身邊所熟悉的事物。我在芝加哥長大，遙遠的喜馬拉雅山對我而言，似乎是個理想的避風港，可以遠離美國大城市那股輕率狂亂之氣。

於是，我花了三個禮拜，走過位於加德滿都北部群山懷抱的由牧谷，希望體驗眾多淨地所釋放的能量。首站是一個遠自十一世紀存在至今的洞穴，長久以來瑜珈修行者都在此冥思。由於這個洞穴有一道可以上鎖的門，新舖了水泥地板，附近還有一間管理員的小屋，乍看之下似乎減損了一點兒質樸氣息。不過，洞穴裡面俯拾皆是幾世紀以來宗教情懷的痕跡——磨損的聖人圖像及雕像、油燈，剛剪下的鮮花編成的花環等。這種熱誠的奉獻，暗示著心靈深不可測的內在深處。

然而，聖地往往超出常人五官所能感受。我盤腿坐在墊子上，身子裹著睡袋，嘗試進入片刻的冥想。我的思緒有時漂移到家鄉，有時想到下一餐要吃什麼，然後想到我這個二十來歲的美國人竟然大老遠跑來世界屋脊的洞穴裡冥想。一想到我眞的就在這裡了，心更靜不下來。除了追求眞正的體驗，我冀望把自己當成一位深山的隱士——遠離世俗，全心全意追尋心靈的體驗。這個意念，反而成爲我靜坐冥想的最大阻礙。

我終於發覺，光是把山洞視爲目的地，將失去其眞正的力量。我發現最可貴的地方，並不是我在洞穴裡找到什麼，而是我是否從中得到探索自我的靈思。

因此，我打算前往另一處聖地洞穴。我走在海拔一萬呎的山上，距離最近的村落要走上一個星期。我經過雲霧籠罩的山谷邊緣，到達一處堆疊著石頭、樹立著殘破願幡的隘口。更遠處是草木不生的盆地，往下便是懸崖。我遠眺白雪皚皚的層層山頂，相連到天際。

我的身後是一片雲海，似乎延伸到地球另一端的芝加哥。我遠離家人、朋友以及生活中熟悉的一切，站在世界最遙遠的地方。可是，我好像可以伸手觸碰到他們。我走遍半個地球來此尋找聖地，終於發現最大的能量，其實來自於我自己。

19 一次美好而漫長的健行

愛麗絲，29歲，倫敦

我會到蘇格蘭西高地步道健行，是被科依峽谷以及蘭諾克沼地的荒野景致所吸引。小時候吃的奶酥餅乾鐵盒上印有高地的圖畫，我一直很想知道置身其中是什麼感覺。

我花了足足六天時間，走完全程九十五哩的蘇格蘭古道。我不疾不徐地走著，身上背著生活必需品——帳篷和燕麥餅乾等等。在我前後方總有其他健行的同好，他們很關心我，提供我高能量口糧以補充體力、ＯＫ繃以紓解疼痛、啤酒用來振奮精神，有一次甚至邀請我在日落時分、波光瀲灩的河邊共享三道菜的大餐。

我喜歡認識新朋友，藉此用全新的自己面對他人；我喜歡和一些平常沒有機會認識的人同行作伴。每個人參加健行的原因各有不同（爲了在一週之內減掉七磅、爲了慈善募款、爲了百般不願的新兵訓練）；但是我最愛的還是走在蜿蜒的山路上，一邊欣賞沿途美景，一邊享受獨處的寧靜片刻。

20

扁舟過雨林

韓，31歲，紐約市

我跟老婆兩人辭去曼哈頓大公司的工作，到東南亞待上一年。旅途中，從寮國西北往南到泰國邊境的那一段，最令我倆難以忘懷。

這一趟路有兩種走法：第一種是十三個人擠在生鏽的小卡車車廂，在沙塵瀰漫的蜿蜒道路上狂奔，六個小時就到了。這種方式雖然要和其他人推推擠擠，但是速度最快。一路上有很多看不到頭的拐角，偶爾還有水牛橫越馬路，危機四伏，卻也相當刺激。事實上，據說當地人都偏好這種走法，但也有人仍然鍾愛另一種傳統的路徑，也就是水路。

像寮國這樣的內陸國家，多少世紀以來，河川都是人們傳統的生命線；它提供了人們生計和休閒娛樂的需求，也是對外交通的幹道。走水路也可以到泰國，但會慢上許多——說得更清楚一點，幾乎要花上四天才能抵達傳奇的湄公河。而我們離開紐約正是爲了見識生命無窮的面貌；我們渴望感覺它的脈動，並仔細聆聽，所以兩人毫無異議地選擇水路。

我們很快就置身於南哈河茂密的綠林深處；這是個悄然無聲的世界，只有行經緩水區時，我們漫不經心操縱著船槳，偶爾拍擊出聲響。我們揣測這方圓數哩內杳無人煙，但有時看到林葉間透出一雙好奇的眼睛，原來是在林間搜獵的山間原住民停下腳步，對我們微笑。

我們也和村民打過交道。晚上我們冷得發抖，圍在戶外的火堆旁，想辦法跟友善的寮國人交談；有時用泰語有時用英語，但更多時候是對著彼此笑。

有一晚我們跟村長一起喝石罈裡的發酵米酒，大啖藤枝燒烤和辣味雞肉沙拉，佳餚就盛放在既當桌布又充作碗盤跟裝飾的芭蕉葉上。而最叫人開懷的，是無數孩童的笑臉；他們的眼睛發亮，閃耀著童稚的幸福。我們在便條紙上幫一個卡穆小孩寫出韓文名字，這麼一點小事，就讓她深深著迷，也成了我們當晚最美妙的時刻。

我們就這樣在寮國西北的原始航道上度過三晚；隨著我們越來越融入那彷彿永恆的河流節奏，每一天都比前一天感覺更棒。儘管如此，到了第四天，也就是最後一天，那景致仍是筆墨難以形容。這麼說罷：早上十點之前，河谷晨雲濃密，陽光遲遲不露臉，但是村民早在清晨五點就被雞鳴喚醒。鏽蝕菜刀剁在木頭砧板上發出的規律聲音，從我們住宿的竹屋朝戶外敞開的窗戶傳來。垂死的雞抖動羽毛，發出最後一聲悲鳴。接著是一陣該死的靜默。大人的低語，融合在十二月湍流偶然發出的呼喊中。

我們老大不情願地把扁舟換成了一艘長尾船，再順流而下到湄公河。途中，我們看到三個嬌小的婦女在及腰的冷冽溪水中涉水而行，頭上頂著裝滿東西的籃子，毫不遲疑也毫無怨言。

水牛被拴住，也用跟我們一樣的長尾船托運，它們是要往下游到會賽（Houayxai）去的貨運船。小孩看到船來了，便朝我們揮舞雙手，他們的阿媽一邊饒富興味地瞅著，一邊用早晨爐火的餘燼，點燃一根十分精細的菸管。平靜的水面下，翡翠色羽毛般的水草中埋藏著漆黑的礁石，直到船隻入侵才使平靜的水面激起水花。三名船伕沈默地擺動竹篙，動作俐落地駛過一處處幾乎是難以通行的淺水道，證明在他們手上沒有過不了的難關。

這都是早上十點鐘前發生的事。直到那個時刻，朝陽才突破雲層，普照大地。

命運

若不考慮怎麼去的問題，世界上你最想親眼目睹的是什麼？

你的探索清單上有哪些地點？

START 起點

你能說出美國所有的州名嗎？

如果能到國外工作一年，你想去哪個國家？

說出一個你想再次到訪的地方？

說出一個你熱切地期待探索其歷史文化的國家。

爲期兩星期的橫越美國公路之旅，你會選擇去參觀哪些地方？這趟旅行想跟誰一起去？

機會

如果能放三個月長假，你想去哪裡旅遊？

機會

你會用多少語言說「謝謝」？

有沒有你想參拜
的聖地？
耶路撒冷？
印加遺址馬丘比丘
(Machu Picchu)？
或者貓王的故鄉
葛列斯蘭
(Graceland)？

說出一個你的
另一半會列出
的必訪地點。

機會

說出一個
你會鼓勵朋友
家人親自去瞧
的地方。

Part 2 探索世界

到目前爲止
你所到訪過的地方，
哪裡跟你的家鄉
最不一樣？

用兩百元美金，
你最遠有辦法到哪兒
玩一趟？

命運

說出一種體育競賽，
無論在世界哪個角落
舉行你都想去看。

NEXT
人生大不同

說出一個你想
跟一群朋友去
的地方。

說出一個你覺得
需要在有了小孩
之前到訪的地點。

命運

PART3
人生大不同

21

理個大光頭

22

裸奔

曼蒂，27歲，紐約州

幾個星期前我剛從康乃爾大學畢業，然後一直待在大學城，和合唱團團員一起為週末的校友會排練。看到許多校友都想重溫大學生活，我也不禁想著，若有機會重返校園，想重溫些什麼。我沒玩過啤酒桌球賽、沒參加過兄弟會的派對、沒有在峽谷裡裸泳過、也沒和萍水相逢的帥哥發生一夜情，我甚至沒有特別想去做什麼事。不過就在校友會那個星期六下午，大家正在排練威爾第的〈讚頌聖母瑪麗亞〉，我忽然想到一個點子：當天深夜，我要去藝術院區的大草坪裸奔！

我不記得自己是怎麼說服其他七個同屆畢業的合唱團女生加入裸奔行列。（是在排練時傳紙條給她們嗎？還是我不小心說出這個祕密計畫？）不管過程如何，我們最後約定凌晨兩點在藝術系館集合，準備裸奔。

凌晨一點四十五分我準時起床——其實根本沒睡著。我套上男友的T恤（穿起來像洋裝），和全新的運動鞋，在黑夜掩護下輕快地走進校園，感覺這是幾個月、甚至幾年來最有活力的時刻。我體內的膽小鬼選擇在凌晨兩點裸奔，因爲我以爲校友會派對到那時應該差不多結束了。到了大草坪，卻發現派對仍繼續熱烈進行：棚子還沒收起來，到處都有人在談笑和跳舞。我的同黨也聚集了一小撮人；她們爲了壯膽，已經在大學城的酒吧喝個爛醉。

我是首腦，又是唯一清醒的人，所以由我來安排路線。我們打算繞大草坪半圈，從首任校長雕像跑到創辦人雕像。我們還想到要抱著衣服跑，這樣被校警攔下時可以馬上穿上。鐘塔傳來兩聲鐘響，這時我們都準備好了。我環顧四周，發現我找來的七個女同學竟然多出一倍，現在總共有十三人要做生平頭一遭裸奔。我感到頭暈目眩，同時也充滿勇氣，便高聲下令：「跑！」

過程不是很順利。我脫下襯衫後，死黨葛洛莉亞的牛仔褲卻卡到運動鞋脫不下來，而其他人早就起跑了。我們落在裸奔團之後，聽到老老少少的校友在一旁歡呼拍手。我的心裡響起電影《火戰車》的主題曲旋律，一邊向校友們微笑，同時要躲開下了一晚的雨在路面造成的小水漥，感覺到溫暖的微風輕撫我全身。

全程大概只有三十秒，但是我覺得跑了好久。我自覺跑得很優雅、很可愛，只是緊張得幾乎不敢呼吸。我跑過圖書館、鐘塔、花叢、和1959年畢業生的棚子。我本來只打算跑半圈，但是葛洛莉亞跑到創辦人雕像區才發現，她忘了拿衣服，所以我又和她裸奔回起跑點。這一生我從來沒參加過運動競賽，從來不知道我能跑這麼快。我也體會到在二十多歲做瘋狂的事，會是什麼滋味。

23

留鬍子

丹尼爾，37歲，倫敦

我八歲時，老爸玩票演出〈王室侍衛隊〉，並為那齣戲蓄起鬍子。一年後我哥哥旅行歸來，也留了一下巴的鬍子——我頓時覺得自己身旁都是老男人。七年後有一天吃早餐前，老爸毫無預警地刮掉鬍子，我好像突然找回一個年輕的爸爸，開心極了。從此我對任何臉部毛髮都心存偏見。

我認為留鬍子的人，不外是因為下巴太短、缺乏自信、掩飾雙下巴，或是想讓自己看起來穩重一點。但是從去年十月起，我卻純粹因為懶得刮鬍子，而加入鬍子一族。

首先我得跨越一大障礙：我的鬍子會長得好看嗎？還是會長得稀稀落落，讓我立刻拿刮鬍刀伺候？出乎意料之外，我的鬍子長得好極了，又濃又密，馬上塑造出滄桑感。

頂了三十七年的娃娃臉，終於變得有點男子氣概，我不禁小小得意了起來，突然間覺得自己在心靈上似乎和另一群人為伍，其中成員包括海明威、登山高手梅斯納、殺人魔曼森——這群對什麼都不屑一顧的男人，滿腦子只有殺戮、攀岩、登山，還有，嗯，還是殺戮。「女人想挽著我的話，隨時歡迎，不過別碰我拿槍那隻手。」等這陣男性荷爾蒙消退後，我開始考慮「梳毛」的問題——以前我總認爲這個詞只和馬有關。

情況很快就一發不可收拾，我甚至心想哪天一定會在鬍子裡發現前一天的食物殘渣，更麻煩的是會癢，害我在和人交談時，得分神壓抑抓癢的衝動。所以我在心裡默默向海明威、梅斯納等人說抱歉，在一個醉醺醺的晚上動刀修剪。不到兩分鐘，我就變身爲「三劍客」之一（如果讀者不知道我在說誰。想想像電影《神鬼奇航》的傑克．史派羅船長吧）。

現在我只留著八字鬍，再加上唇下的一點點小鬍子。老實說，我愛死了。它不但是最好的聊天話題，還有保暖的效果；就算我看起來不像我崇拜的三劍客，至少精神上與他們同在。再說嘛，除了有打破禁忌的邪惡快感（畢竟我既非同志也不是警察）之外，我玩自己的臉部造型玩得挺開心的。

我向來嫉妒女性同胞，能把頭髮「梳上去」或「放下來」，藉此改變心情或給人的觀感。不過現在靠著鬍蠟，我也有兩種截然不同的外貌：讓鬍子「朝下」，就像七〇代的德國嬉皮；或是「往上」捻起，活像個喪心病狂的邪惡人士。不論哪一種，我都喜歡！不過，我正在計畫「歷史性的一刻」，然後我會在早餐前刮去鬍子，一下年輕個十歲。

24 第一次吃龍蝦

莎拉，26歲，紐奧良

對身為南方人的我而言，龍蝦有點太「北方」，不太可能列入我的嚐新清單。如果龍蝦代表新英格蘭，那紐奧良的代表肯定是螯蝦。如果龍蝦代表小叉子和良好的餐桌禮儀，那螯蝦就代表大口吸乾蝦頭，再隨手把蝦殼扔在桌上。龍蝦，中產階級；螯蝦，勞動階級。吃龍蝦？有違我的南方傳統。貴得要死，雅痞的玩意兒。

不過，反正是朋友買單，嘗試一下也不錯。大餐送上桌了，粉紅色，熱騰騰的，配上新鮮水煮馬鈴薯、檸檬片和歐芹，眞是美麗的畫面。我驕傲地宣布：「這是特大號螯蝦，不是什麼龍蝦。」朋友不禁莞爾。

他說：「你嚐過就知道了。」嗯，的確好吃。像明蝦，但更好吃。簡直是好得不得了，就像奶奶在拿手好菜後送上的甜點一樣好，像初吻一樣動人。出乎我的意料之外——就算它是北方食物也罷——龍蝦果然名不虛傳。

25

自己一個人住

米莉安，25歲，紐約市

說到獨居這件事，似乎總有些什麼不可告人的祕密。別人會覺得你就是有點怪怪的，在背後談你的八卦，偷偷討論你爲什麼沒和室友或「人生中重要的伴侶」一起住。這個世界似乎不怎麼歡迎獨居者。

我以前也是這麼覺得；對那些擁有自己專屬小天地的人，心裡多少有些猜疑。直到自己親身嘗試，才改變了看法。

決定自己住、到眞正搬出來之前，我開始擔心這擔心那。我擔心結束一天工作後，得獨自一人面對空盪盪的家；擔心我的公寓要是出什麼問題要怎麼解決；我也擔心會寂寞。可是我的情況一團糟，沒什麼別的辦法了：我沒法忍受再和其他室友同住，也沒個男朋友可以同居。所以我找啊找的，看了好幾十個狹小、陰暗又昂貴的地方，「可住性」都不大高。後來我找到了這間馬馬虎虎還過得去的公寓。我一搬進來，打開所有的行李，搬家用的紙箱都還沒收到地下室去，可是我就已經知道，我做了正確的決定。在公寓裡的第一天，是我有生以來睡得最香甜的一晚。

我的個性幾乎是一下子就有了改變，不用再和其他人住在一起，讓生活簡單不少：一個人在家，想做啥就做啥，不是看看無聊的電視節目、就是在鏡子前面花一個小時檢查毛細孔是不是變大了，也不必擔心上廁所沒關門。而且，就算冰箱塞滿餐館打包回來的剩菜，也沒人會囉嗦。

以前不是一個人住，總覺得一天到晚都在演戲，無時無刻都得讓室友開開心心的。而現在，我回家後可以眞的靜一靜，好好放鬆一下。既能夠走出去光鮮亮麗地迎接社交生活，也能回家享受自己的小天地。雖然這個空間小到不行，又常常髒亂不堪，可是無所謂，這地方是「我的」，連灰塵都是我的！我愛怎樣就怎樣！

比起以前住的地方，現在的住處讓我有更多時間思考。不知怎的，突然之間我開始寫東西、發揮創作慾，也願意抓住機會接受挑戰。對我來說，我就是需要一個自己的地方，才能激發創造力。搬進自己的公寓之後，我的想像力全開。

現在，看到別人和其他人合住，總替他們感到遺憾。雖然我的確想要找個能互相扶持的男友，卻不能想像有個傢伙整天黏在身邊。雖然和好朋友一起去度假的確是個好主意，可是住在一起？想都別想！現在，和別人合住的朋友會向我抱怨，說他和室友會為了起司該怎麼切、誰該刷洗浴室而爭吵。同事也偷偷告訴我，她的同居男友出差時，她覺得輕鬆不少。這些時候，我只能報以微笑，點頭說著：「是啊，是啊。」我完全沒那些煩惱。而看到別人像我以前一樣，猜疑我為何獨居時，我想，他們下意識也有幾分羨慕吧？

你｜也｜可｜以…

一個月不看電視．洗泥巴浴．重新布置住家．只點蠟燭不開燈過一晚．重新設計花園．嘗試做皮拉提斯．買一幅畫．睡在星空下．染髮．騎重型機車．打扮成異性．發明一種調酒．裸泳

今天就做

26

就是愛搞怪

別再害羞、不用怕出糗，不要擔心別人說你故意搞怪─從現在起，為你的人生剪貼簿留下可供大書特書的一頁吧！

想像一下以後你可以怎麼向人大肆說嘴：一項又一項與衆不同的個人特質，一種又一種復古的奢華享受，一次又一次鬥智的快感。

就從今天開始，邁開你愜意的步伐，朝著不可思議、頹廢奢華的境界前進吧！

- **抽菸斗**：要品味精緻生活那種特殊的氣味，菸斗是不可或缺的道具。

- **有所堅持**：譬如頭上一定得別一朵百合花、飯店房間一定得擺上水仙，對這些小事要特別講究。

- **取個別名**：利用別名，換個祕密身分，做出讓所有人料想不到的事。

- **學一種沒人聽過的樂器**：專練某種眾人前所未聞、不知哪個朝代的樂器，讓自己成為該樂器唯一的專家。

- **掙脫道德的束縛**：到大街上溜鳥、敞開喉嚨口無遮攔、發表驚世駭俗的聳動言論。

- **詩興大發**：跪在某人跟前表示愛慕之意，讚揚對方是你寫詩的謬思、靈感的泉源。

- **極盡炫耀之能事**：衣著打扮必得精心設計、起居室必得裝潢得富麗堂皇，連笑都得造作一番。

- **衣必華服**：不管是頭上戴的還是身上穿的，必須得既華麗又經典，才能維持你神祕的氣質。

- **言必珠璣**：一串串的譏諷妙語，一次次的文字遊戲，讓人又驚又喜。

- **非名酒不喝**：開始工作前要喝苦艾酒、早餐得搭香檳酒。

27 專心瞎忙

伊麗莎白，29歲，倫敦

我們家有個詞兒，說的是你成天忙東忙西，不過不是什麼重大的事，別人也覺得你只是在瞎混度日。這不是說你日子太無聊，更不是說你不務正業，只是你也不敢說你忙的這些都是「正經事」。在別人眼裡，這些事可能沒啥意義，有點古怪，甚至還有點可笑。大家可能會覺得你有點反社會傾向，喜歡胡搞瞎搞。然而你對這些批評無動於衷，完全陶醉在自己的世界裡，「忙著」自己喜歡的事，時間永遠都不夠用。我們家把這種沈醉在自己嗜好的行爲叫「瞎忙」。

這種嗜好只是單純的喜歡，不爲什麼，沒有壓力或是什麼特別的期望，也不必趕期限，完完全全不在乎別人的眼光。總是可以從中獲得某種樂趣（當然不是絕對）。年紀越大、時間越少、負擔越重時，這種樂趣便離你越來越遠。沈溺在這些充滿傻勁的興致或許有點自我中心，甚至是自私；但也正因如此，才更突顯這些嗜好的重要性。

可惜，我到最近才領悟到這點。我早已離開校園，進入社會，雖然有分待遇不錯的工作，卻不怎麼有創造力，也無法激勵我去努力達成什麼目標。

我覺得整個人變得空洞貧乏，好像已經忘了自己其實有許多不同的面向。回想起小時候，那時總有數不清的「計畫」要做。就算某件「計畫」未如預期或是失敗了，我心裡壓根兒一點也不受影響，因爲我還有很多其他興趣，轉移了注意力。我開始想到那些以前曾經感興趣的事情，也想到如何重拾這些嗜好。不過，我說的可不是再把彈珠拿出來玩，而是說即使已經長大成人，還是能在生活中，很容易地找到像童年時令你廢寢忘食的嗜好。

我報名參加專爲成人開設的體操彈簧床課，還跑到馬戲團學特技。沒錯，我的確像個傻瓜，但是在彈簧床上又彈又翻時，滿腦子只有快樂的感覺。兩年前，我開始利用部分時間，修習在職碩士班攝影課程。我發現暗房實在是「瞎忙族」的天堂。我利用厚紙箱，花了好幾個小時測試曝光和漏光，才做出第一台自製針孔相機。對我而言，攝影讓我忘卻其他瑣事，完全沈醉其中，到現在都不曾厭倦。去年我在紐約市辦了生平首次的攝影個展，展出我用針孔相機拍下的作品。

現在我希望有朝一日，能辭掉白天的正職，成天「瞎忙」度日。

28

在單車上裝音響

安德魯，27歲，南卡羅來那州

我一向喜歡在汽車上聽音樂，也一直愛騎單車。有一天忽然想到，「邊騎車邊聽音樂一定很棒。」我從來就不喜歡戴耳機。我覺得戴耳機聽音樂，同時騎著單車穿梭在芝加哥的大馬路上，是很危險的事。

所以我決定要在單車上裝音響。這件事我想了兩年，不斷思索那一種方法比較好，我逛五金行找特殊的螺釘，希望計畫能夠實現。我幻想著，邊騎車邊聽音樂，該有多酷！我跟別人談起這事，說出我的想法，但沒有得到什麼共鳴。

有一天，朋友給我看一本機車精品目錄。我看到一個價值幾百美元的皮套，可以吊在手把上放入小收音機。那個時候，我自己也開始學著縫補衣服和鈕釦，覺得自己縫紉技巧還不錯。有了！我應該也可以把某些裝置縫起來，希望眞的管用。

我買了兩個攜帶型迷你喇叭、最堅固的縫線、戶外專用的耐用布料、塑膠網、魔鬼貼及泡棉。我還買了一個小型置物袋，夾在手把前面。我希望收音機可以隨時拆下，離開的時候只要把單車上鎖就行了。我知道更換電池或解決疑難雜症時可能得翻到喇叭背面，所以花了好幾天的時間設計置物袋。我又花了一整天做最後的組裝和縫製，整個晚上我都在聽「雷蒙合唱團」。

成品很堅固：魔鬼貼縫到泡棉內，把泡棉固定在手把上。裝喇叭的包包縫到泡棉上。更多的魔鬼貼把泡棉和袋子連接在一起。可以透過泡棉的開口換電池。騎車時也很容易調整喇叭音量。喇叭與泡棉都可以收進袋子，攜帶方便。此時獨缺一台手提音響。隔天早上我跑了一趟音響器材行，不巧下起雨來，可想而知並不適合騎車。我買了最便宜的隨身聽，回到家，我把隨身聽塞到袋子裡，連接喇叭，然後到戶外試騎一下。噢耶！我可以感覺到音樂。雖然喇叭裝得不夠緊，泡棉很厚，但聲音還是很棒！

裝音響是四年前的事了。雖然歷經一次撞車和長途搬家，音響到現在仍然管用。擁有單車音響的第一年夏天，我一個星期至少有五天會騎到芝加哥的湖畔——我放開雙手，脫光上衣，頂著龐克頭，喇叭放出節奏強烈而深沉的聲響，所有泳客和打排球的人都聽到了。我覺得自己好像五秒鐘ＤＪ一樣，把美妙的音樂放給大家聽。

我越來越愛邊騎單車邊聽音樂。現在的我，簡直不知道不聽音樂要怎麼騎車！

29 穿上高跟鞋

桃樂絲，24歲，喬治城

身高過人這種事，就好像刺壞的刺青或難相處的親戚，你非得忍受不可，沒別的辦法。當然你總會聽到人家說：「我巴不得高一點。」可是說這種話的大多是穿小尺碼鞋子的女人，玩騎馬打仗時總是騎在別人背上打仗的那個。對我這個身高逼近六呎的女人，長得高是個負擔——至少單就找不到鞋穿這件事來講。

我從來沒有勇氣穿高跟鞋。我已經高得「嚇人」，從不覺得自己需要看起來更高一點。買鞋的時候，我總是略過時尚區那些細跟高跟鞋、豹紋、嘻哈風，直接走到「舒適區」，跟那些年齡大我一倍的女人搶平底鞋穿。我也不曾穿過五顏六色或花紋的鞋款，免得我那穿十號鞋的大腳看起來活像嘉年華郵輪上的救生艇。

所以我只穿花色樸素、低跟、實穿的鞋子。我總是穿著每季那兩雙黑色、咖啡色的鞋子。我自忖，爲什麼要穿別的呢？我那幾雙簡單舒服的鞋子就夠了。我又不是菲律賓前第一夫人伊美黛。

雖然我知道，年過八十的保守老太太會很欣賞我的鞋子，可是只要一看見那些嬌小可愛的女性朋友，穿著那些我作夢也不敢想的鞋子昂首闊步，心裡總會湧現一股傷感。儘管我知道那些朋友走不過兩條街，她們的腳就會痛死；換成我的鞋子，從紐約走到紐澤西州再走回來，也不會起半個水泡。不過，要是能穿上那些鞋，看起來該有多美啊！那些細細的帶子、可愛的鈕釦，令雙足搖曳生姿！可是我擔心像我這麼高，如果大家抬起頭打量著我，我真不知該怎麼辦。

直到我的作品被紐約一本文學雜誌錄用後，情況有了轉變。當我知道我必須參加發表會，到時有許多光鮮時尚的嘉賓在場，一開始的欣喜之情馬上被恐懼不安所取代。我那幾雙單調乏味、嚴重磨損的平底鞋絕對穿不出場。

於是我鼓起所有勇氣，走了一趟紐約上城區百貨公司的時尚鞋區。喔，真是美到不行！各式各樣看起來既難穿又磨腳的鞋子簡直令我神魂顛倒：仿麂皮、繫蝴蝶結、閃閃發光的亮皮圓點！紫色長靴、超級厚底鞋！我幾乎得坐下歇歇腿，才能喘得過氣來。這些鞋子美麗奪目，遠超過我能承受的程度。

呃，這麼美的鞋子，讓我這個亞馬遜女戰士穿起來會變成什麼模樣？我想像我那高聳的身軀穿上三吋高跟會有多怪，即使鞋子再可愛也沒用。開開心心地試完各式各樣的鞋以後，我終於選定了一雙黃色條紋高跟鞋，足足有兩吋高（至少對我而言是破紀錄了）。這雙鞋花去我一週的薪水。我既期待又不安，總算明白灰姑娘穿上玻璃鞋的滋味。

終於到了發表會的日子，我穿著我的新歡，緩緩走在街上，然後走進會場；我一輩子沒有這麼高過。出乎意料的是，我看起來明艷動人、充滿自信，絲毫不覺得尷尬或不自在——這種感覺眞是棒極了。天啊，我可以寫作、出版、還可以灌籃，生命多麼美好！

好吧，當然這雙鞋是我穿過最不舒服的鞋子，而且只能搭配某一套衣服。不過我從來不後悔買下這雙鞋（雖然我到現在還得努力賺回花掉的薪水）。發表會已經是一年前的事了；儘管我大多時候還是穿著平底鞋，不過每當我想要讓自己振奮一下的時候，我就會穿上那雙美麗的高跟鞋，給自己一個微笑。

30

什麼事也不做

尼克，32歲，紐約市

「人生苦短」、「至死方休」、「每一分鐘都要活得彷彿是人生最後一刻」。ＯＫ，好，我懂，大體說來我也的確身體力行。我住在一個不眠之城，大學時代在麻省理工學院求學，碩士念的是布朗大學，曾經製作也執導電影，還出版了一本小說，七大洲當中有六個我幾乎是有點強迫症地經常到訪。我會潛水、跳遠、游泳、競技；有贏也有輸，追、趕、衝。性愛方面呢？呃，有啊——無論是團體的、公開的；性伴侶有外國人也有本國人；不管是安全性行爲或不安全性行爲；等等…等等…

但當我坐下來寫這篇僅僅一頁，有關我在死前確實、非常、深刻地會慶幸自己做過的事，才發現有件事從心裡迸出來——再清楚不過的——就是躺在床上絕對地無所事事，沒來由地無所事事，甚至連個彆腳理由也沒有地無所事事，彷彿其他所有的事情都放到一邊；分毫未曾鬆懈的人生追求，有這麼一個停格、一個片刻是我眞的停下來，躺著，純粹呼吸。

一生中再沒有其他事能夠像這樣提醒我：想想自己有多幸運，不只能夠做每一件事，而且是想做什麼就做什麼。這種領悟讓我能夠站起來再出發，好好活著並有所作爲。並不是停下來聞聞玫瑰香——因爲此舉也是有所爲而爲——而是完全放空，啥事也不做。我們鎮日不停地汲汲營營——尤其在美國更是如此——以致無暇思考爲何做這些事，而這一切又有什麼意義。我們也從未慢下腳步，去品味隨心所欲的樂趣——即使這份「所欲」是無所事事。詳加檢視、思考自己正在進行的事，以及爲何這麼做，而不是盲目地做，這是我待在床上那天悟出的重要心得，領會到我們有幸有隨心所欲的自由，即便只是曇花一現地體會到它的重要性，也是一種奇蹟。

有些人爬山，而我爬了一天枕頭山。結果你知道嗎？經過一番思索，我知道明天該「做」些什麼了。

命運	說出某一種 你希望融入 生活中的儀式。	說出一件你曾經 大膽嘗試、而今 回想起來自己仍 感訝異的事。	START 起點

說出一件你成功
說服朋友去嘗試的事。

機會

說出一件你願意做，
以改變自己外觀的事。

說出一種你從未吃過，
但想嚐嚐看的食物。

說出一件對你沒啥
好處，但你就是想
做的事。

你沒看任何影評就
去看電影，是多久
以前的事？

出一件你壓根兒 想做的事。	機會	如果你用假名， 會叫什麼呢？	

在你生命中，曾經因為誰的冒險抉擇而大感意外？

說出一件你想做，而且會讓某個朋友大吃一驚的事。

？機會

說出一種在你
下班途中舉行
活動，而你或
可以嘗試看看

說出一件你恨不得立刻去做的事。誰又能助你一臂之力？

Part 3

人生大不同

你一生中最糗的時刻是什麼時候？

說出一件你很想做、但ㄙㄨㄥˊ到斃的事。

！命運！

你的朋友當中，做過最不尋常的事是什麼？

你一次能禁語多久？

NEXT 挑戰極限

何謂「正常」？

說出一種你期待早日問世的發明。

！命運

PART4
挑戰極限

31

學空手道

32 跳傘

羅瑞，41歲，加州

「嘿，表哥，你也行！」泰德嚷著。他搖下車窗指向無雲的藍天，然後將租來的小轎車停入塵土飛揚的停車場。南加州不怎麼美麗的艾辛諾湖受到污染的湖水發出噁心臭味，使我的嗅覺神經爲之緊繃。我掩住口鼻，下了車，驚奇地看著十幾個像變形蟲的人從飛機上墜下。

他們飛越天際，像一群在覓食的鳥。他們翻轉、扭動身體，還表演了其他空中飛人特技，然後在半空中手牽手，圍成一個圓圈。降落傘一個接一個打開，最後連成一道人造的帆布彩虹，畫過臭臭湖的天空，最後，像孔雀羽毛般緩緩飄落地面。

我轉過頭，表弟卻不見蹤影。我在這個臨時航空站走來走去，正要回頭向停車場走去，詭計多端的表弟再度現身，亮出一張票。

「我幫你買了雙人跳傘的票。」他高喊道。「你會愛上的。我們下班後常常來跳傘。」

「你瘋了嗎？」我大聲說：「我還不想死。」

「你看他們多開心！」泰德指著一群剛回到地面的跳傘員。

只見他們神采奕奕，笑得嘴巴都合不攏。我做了個鬼臉說：「他們只是很慶幸能活著回來。」

「拜託，」表弟用手指戳我的肚子，「你什麼時候變成膽小鬼了？」

「我就是不想。」

「你一定要去。票都買了，沒辦法退錢。」

這時，遠遠傳來鼓動人心的聲音：「去吧，親愛的。」「這是世上最美好的一跳。」

「你的人生會從此改變！」

泰德說：「而且這是雙人跳傘，有個教練綁在你背後，要死也有人墊背。」

我想像著自己粉身碎骨、腦漿四濺，葬禮上無法讓人瞻仰遺容。我嘆了一口氣，然後唸起禱告詞、罵髒話、怒視著興高采烈的表弟。當我要簽署責任免除同意書時，雙手在顫抖。我灌了兩瓶啤酒、跑了三趟廁所、穿上飛行衣後才走進講習教室。

「繫好安全帶，按下這個扣環，當我的手在你前方揮動，就拉這條繩子。」指導教練的話像個正在洩氣的氣球，在我腦中彈跳。

「注意胸口的高度計。如果指標跑到黃色那一塊，而我沒對你揮手，那就是我心臟病發作；不管我有沒有揮手、你都一定要拉繩子。如果拉了繩子降落傘沒開，就拉這條。」教練扯扯另一條繩子。我的心狂跳，感覺快嘔吐了。

泰德對我揮手，看著我進入單引擎小飛機準備起飛。這裡沒有微笑的空中小姐迎接我或替我帶位。事實上，除了駕駛座之外，機上沒有座椅。我一屁股坐在冰冷的金屬地板上，看看身旁一同跳傘的同伴，我是唯一的「菜鳥」。環顧四周，我看見機身好幾個地方都貼了特製膠布。當我得知這小飛機的駕駛是民航機長，才放下心來。他和塔台通過話後，我們就準備起飛。

引擎啓動後發出一陣霹啪聲，飛機沿著跑道嘎嘎前進，費力地離開地面。當我們抵達一萬兩千呎的空中跳傘區，我的心跳聲像打雷一樣，血液在血管內亂竄。機門打開了，我在寒風中發抖，雙腳在飛機邊緣懸盪，我想我必死無疑。教練要我雙手交叉抱胸，數到三就往外跳。

「一、二。」我應聲被推出機門。

我的臉好像被風吹扁，貼到後腦勺，身體像翻轉的硬幣一樣不斷打滾。我不知道哪邊是上面，哪邊是下面。教練連續拍我的肩膀三次，我才把手臂舉起來。身體挺直了，視線也變清楚，我看著底下的夕陽，頓覺全身失去重力，好像脫離了宇宙，就像在太空中飄浮的太空人。我看了胸前的儀器，才知道我正以每秒超過200呎的速度墜落。紫色的山峰先是出現在眼前，然後又變得比我高。教練在我面前揮揮手，我跟著拉下右肩吊帶的細繩。降落傘張開時，我的下巴和胸膛跟著震動了一下。我得救了！

一會兒，墜落速度慢了下來，我好像在天堂的大門飄浮著。我微笑著俯瞰遼闊、寧靜的深藍太平洋，又仔細觀察科羅拉多島和卡特琳娜島的輪廓。

降落地面時多了股衝力，接著重重落地。我們在降落傘裡翻滾糾纏。我站都站不住，一邊開心地大叫。解開降落傘後，我看見表弟在偷笑。

「好像很刺激，」他說：「我改天一定要試試看。」

33 潛入深海

歐利，29歲，倫敦

自從小時候讀到採珠人的故事後，我就一直很想試著一口氣潛入深水，甚至碰觸到海底。我曾經背著裝備潛水過幾次，深達50呎；雖然這樣玩也很開心，但畢竟和夢想有些差距。潛水裝備相當笨重，而且吐出的氣泡會干擾海洋的寧靜。雖然知道很危險，但我總忍不住幻想，無裝備潛水到海底深處，會是什麼感受。

大約五年前的初春，我陷入前所未有的低潮：失業、身無分文、孤單一人。喜愛鄉村風光的我，卻整天在城市中一個陰暗窄小的公寓中踱步，覺得自己像個囚犯一般。窗外的街道熙來攘往，每個人都忙著趕公車或猛看手錶。大家似乎都有事可做、有工作、有手機，不像我這麼慘。

就這樣過了幾個月，我渴望換個環境。即使到這個年紀還跟著父母出遊挺怪的，我還是跟著他們一塊兒到希臘，共度短暫的夏日假期。

抵達希臘後不久，我就租了一艘繫在碼頭邊的小船。我划船出海了幾次；從船上往外看，海水很平靜，遠近無波。我再度想起閉氣潛水的夢想。當然了，心裡還是有很多恐懼讓我乖乖地待在陸上，像是怕溺水、昏厥，或是壓力升高而導致耳膜破裂。但在那一刻，這些危險反而成了誘因之一；我要向自己證明，我也可以做出不尋常的事。

經過一番慫恿，我終於說服父親助我一臂之力。我們在一個平靜的早晨往海上出發，帶著一大綑繩子、海錨、蛙鞋，還有護目鏡。我們量了65呎的繩子綁在海錨上，然後往船外拋出去，調整船的位置讓海錨到達既定深度，我才手腳並用地爬下船。

海水相當冷，完全看不到海底，只看到繩子和光束隱沒在無盡的黑暗中。看著自己瘦白的雙腿踢打著一片深藍，我的內心愈來愈忐忑不安。我花了幾分鐘讓自己冷靜下來，調勻呼吸，然後深吸一口氣潛入水裡。

我一直緊盯著繩子——這是我唯一看得到的東西。超過15呎深後，水溫驟降，周遭變得更冷、更暗。30呎深了，我仍然看不到海底。我不斷地踢水，孤獨感油然而生。再奮力踢了幾下後，終於隱約看到海底，但是我心裡七上八下，再加上快沒氣了，讓我一陣驚慌，結果沒能碰到海底的沙。我勉強用手指碰到錨尖，便馬上折返。

沮喪的我踉蹌地爬回船上，心裡想著一定要克服恐懼，好好體會這次經驗。我想碰觸海底的沙。

我相信這次一定能潛得更深，所以再次和父親一起划到離岸更遠處。這次我們量了85呎的繩子。我再次躍進水中，緩緩深呼吸了幾次後便向下潛。隨著我愈潛愈深，繩子不斷從手中滑過。我心跳得厲害，卻比上次更冷靜、更堅定。

過了一會兒，我開始意識到周遭是如此寂靜，耳邊只有海的低鳴，和遠方船隻依稀傳來的聲響。大約在50呎深左右，我開始看到模糊的形狀；我再次看到了海底。最後一段似乎永無止盡：60呎、70呎、80呎……這一次當我伸出手時，我碰到了。

我用雙手捧起沙，讓它從指間洩落，然後凝望著四周。在一個如此寧靜美麗、幾乎無人造訪的地方，感覺眞的很奇特。海底的波紋靜靜地往無垠的朦朧散去。我抬頭仰望，我們的小船小到可用拇指遮住。

幾年過去了，我常想起那一刻，總覺得那是我人生的轉捩點。獨自一人置身海底深處，我終於覺得重新找回自我。每當世界似乎又毫無道理可言時，我總會回想起我的祕密天地，在85呎深的海底。

今天就做

34

健身

若你真心想完成每個人生目標，你就得盡可能讓自己活得久一點。
若是手邊沒有其他東西，本書至少重0.5公斤，現在就用它來讓自己多活幾年，增進健康。在一分鐘內將本書高舉過頭20次。
每天重複同樣的動作，直到有人問你在做什麼為止。

35 跟著牛群狂奔

麥特，28歲，聖地牙哥

砰！砲聲響起，柵欄裡的牛被放出來跑上大街。我不是專業運動員，可是那聲砲響，似乎觸動了某根神經，使我投入整個情境。我知道我不能停下來，要保持警覺、留意四周、四下張望、注意別人的表情。我知道我不會真的看到牛衝過來，可是後面有些人看得到；從他們的反應，就知道牛是不是追上來了。我不斷向前進，不時往後看。我告訴自己不要猛衝，如果衝得太快，就沒辦法回頭看了。

按照慣例，參加奔牛節的人都想跟牛並肩齊跑，一起衝進鬥牛場。但這不是我最在意的。我的首要目標，是全身而退地離開西班牙。老實說，就算沒能進到鬥牛場，我也不會因此灰心沮喪。那一刻，我的雙腿嚇得發軟；要是之前吃了東西的話，大概都會吐出來。手裡的報紙已經被我捏得皺巴巴的。

砰！砲聲再度響起。參加活動的六頭牛已經全都跑上街；人群不斷從我身邊衝過，這群人打的如意算盤是，和牛保持距離比較安全。

儘管我心裡怕得要死，卻不打算加入他們的行列。我繞了大半個地球來這裡，可不是為了像膽小鬼一樣遠遠跑在一票牛前頭。我想要跟牛一塊跑。

我們一家人很快就被人群衝散，根本不可能一起跑。就好像有個五歲小鬼踢倒一座蟻丘，而我們就是那群慌慌張張的螞蟻，試圖重建家園。在那個狂亂的情境下，滿腦子想的，就只有保住小命。我頻頻回頭，還好奇地跳起來看。那群牛一定很快就要趕上了！

這時，有一頭牛不知道從什麼地方突然冒出來，又粗又壯，鐵定有上千公斤重，牛角銳利得像刀一樣，距離我不到三公尺。我嚇得呼吸困難。

很快地，那頭牛就這樣跑走了，似乎沒注意到我。這可謝天謝地。一頭牛過去了，還剩五頭牛。

接著，又有兩頭牛衝了過去。後面那一頭牛逐漸逼近，愈來愈近。我不知道幾年沒禱告了，但那時忽然比誰都虔誠，只求有個神保祐我活下去。

眼看最後一頭牛也朝鬥牛場衝過去了，而我的勇氣瞬間重新加滿，把報紙高舉過頭，跟在牛屁股後面跑著，就像《英雄本色》裡的梅爾．吉勃遜一樣，傻呼呼地往前衝了至少快兩公尺，希望能摸到牛屁股一把。當時根本沒想過會不會有頭牛忽然轉身，用角把我頂出一個洞。幸好沒發生這種事。而在最後一頭牛衝過鬥牛場的門之後，我想摸牛的衝動也慢慢消退了。此時砲聲三度響起，通知大家，最後一頭牛也順利進場，街道再度恢復安全。

我開始找兩個弟弟。先在鬥牛場前的集合點找到大弟伯克，我用力給他一個擁抱，大聲喊道：「天啊！我們辦到了！太刺激了！」

鬥牛場內開始清場，我倆在人群中奔走，尋找其他家人。我親愛的老婆戴娜向我們跑過來，好像迎接出海半年的水手一樣緊緊擁抱我；她帶來了我最需要的東西：西班牙皮水囊，裡面裝滿桑格里亞酒。而小弟史考特和另一個朋友里格，也毫髮無傷地和我們在鬥牛場前碰頭。他們兩個可是一路跑進鬥牛場。

所有人會合之後，我們七人一起去一家叫做「地窖」的小酒館，每個人都吹噓著當天早上與牛的混戰中，自己表現得多英勇。往酒館的路上，血液裡的腎上腺素慢慢下降，連路都走不穩了。我對參加奔牛節這件事頗爲得意，沒什麼必要再去吹牛了。當時不過早上八點半，卻已經不知道灌了多少海尼根。記得喝到第二還是第三輪的時候，史考特靠過來對我說道：「嘿，咱們明天再來他一次吧！」

36 爬繩梯

茱莉安，34歲，洛杉磯

我人在加州的奧哈伊，攀著繩梯，搖搖晃晃地懸在離地面15公尺高的紅杉樹上。手掌又濕又滑，老是抓不緊繩索。雙腿抖得像裁縫車不停刺動的針頭。我腦袋裡唯一的念頭就是，快點從樹上安全下地。但是那高度卻讓我嚇得不敢動彈。就連呑口水這麼簡單的動作，都得讓我費一番功夫。我好想回到地面。

但安莉莎還站在樹下；我和她約定好，要共同完成這項活動。她來自康普頓，是我帶的週五電影課學生；十四歲的她恬靜內向。這堂課要進行繩索攀爬訓練，分組時一陣混亂——十幾歲的孩子就是這樣——結果沒人找安莉莎搭檔。

懷著中學老師的滿腔熱忱，我義不容辭找她搭檔一起爬樹，免得她落單。每個有責任心的大人都會這樣做。

繩梯就繫在樹的枝幹上，我們得攀著繩梯往上爬，一直到離地15呎處。枝幹上還有兩條鋼索，牢扣在遠處兩棵樹上；從半空中看過去，形成一個「V」字形。同一組的兩個人要各自站在一條纜繩上，一步步慢慢地把腳伸出去，保持平衡，像是特技演員一樣。有時必須以對角線的角度、微微向外傾斜，才能找到平衡點。兩個人面對面，手掌相貼，一步一步地側著身子挪動。兩條纜繩的距離會隨著重量稍稍拉開。我們決定由我先爬繩梯。

現在，我懸吊在離地面7公尺半的半空中，一心只想要平安落地。對這種高空活動我可不在行；我也不適合這種需要團結合作的戶外活動。我喜歡的是縈繞腦海、陰鬱深沈的諷刺文學或是吉姆・賈木許（Jim Jarmusch）的電影。等到活動一結束，我一定要來杯香濃的咖啡，配上一份報紙。只要別再叫我爬繩梯，做什麼都可以。

現在，地面離我可能有幾光年那麼遠吧——不，是幾光年的十次方那麼遠。往下一看，一切事物都是這麼地……遙遠。我心裡只有一個方向，那就是往下爬。我再也爬不上去了，沒辦法再往上爬了。

爲了寶貴的小命，我緊握住梯子的橫檔，心想地面的人聽得見我的啜泣聲嗎？我別無所求，只想安全地回到地面，然後結束這一切。我發誓如果我能安全回到地面，一定要好好享受人生，活在當下。我會開那瓶一直捨不得開的松露油，睡覺前在枕頭套裡塞滿薰衣草。甚至絲絨也可以。

安莉莎雙手插腰，神情鎮靜，好像一切都在她預期之中。她一句話也沒說。爲什麼她這麼鎮定啊？

學生們開始起鬨了：「老師！加油！」他們甚至還引用月曆上的格言，一個接著一個，像是：「加油，向上爬，你做得到的！」

眞希望他們可以閉嘴。但我是老師，總不能大喊：「閉上你們的狗嘴！」我無法向他們解釋「上」這個字現在對我是多麼刺耳。如果他們看到自己成績不理想，也不願聽到「上」這個字吧。

有個學生建議說：「放開右手，握到上一階。」

他們以爲他們什麼都會，是吧？嗯，他們不明白的事太多了。

「不行！我辦不到。」

一身灰色運動服的安莉莎站在地面，一聲不吭，雙手叉腰、伸長脖子盯著我。我猜她心裡正想著，她的伙伴怎麼那麼遜。

好啦好啦，有那麼難嗎？我一次移動一根手指！

當我爬上最後一個繩階，攀上高吊在樹間的纜繩時，彷彿有金色光芒在我周遭閃耀。

現在換安莉莎上來了，我的雙腿卻仍然抖個不停。安莉莎像認命的騾子一樣，一語不發，默默地從底下爬了上來。但當她跨上樹梢時，只見她兩顆眼珠瞪得大大的，一副驚恐求饒的模樣。

我對她說：「妳很棒啊！我們都很棒，其實沒啥好怕的。」我試圖藉著交談，讓我們兩個人忘卻站在樹頂那種讓人喘不過氣的恐懼感。

安莉莎說：「妳確定嗎？」她用驚疑恐懼的眼神注視著我，彷彿不相信我說的話。現在我們在離地面15公尺的高空，繫在不知道牢不牢靠的纜繩上，我不知道安莉莎憑什麼要相信我的話。我根本就不知道我在做什麼。來自美國中西部大平原區的我，從來沒爬得這麼高過。

我和她之間似乎是無窮無盡地遠。

我把手掌努力往前伸出去，想要貼住她的手。當安莉莎終於放開樹幹，與我雙手相貼的那一刻，所有我曾經在乎的一切，似乎在色彩與光線之間，慢慢消逝。在那頃刻，我完全忘卻了發表文章的計畫，或是如何讓自己看起來很厲害；用不著和誰拉關係，抛開過往的成功和失敗。全世界只有我跟安莉莎，站在兩棵紅杉間的纜繩上，兩對清澈的眼眸，凝望著前方柔嫩的綠葉和明暗交映的光線。

37

改掉習慣

或許這是最大的挑戰。
今天就拋開你一直想要改掉的習慣吧。
例如：

- 討人嫌的口頭禪
- 啃指甲
- 提到自己時，老愛用第三人稱
- 抽菸
- 整天看電視
- 喝太多咖啡

38

音速飛行

吉姆，65歲，聖塔非

專司邏輯推演的左腦告訴我：「別傻了，胖子，跟他們說實話吧：你很怕①墜機，②從彈射座椅飛出座艙罩，然後被風吹走，③抗重力衣悶死，④嚇死，或是⑤嘔吐時無法及時拿掉氧氣罩而溺死。」那是左腦對我說的話——聰明的左腦多年前就告訴我，我應該去當大企業的律師，而不是記者。但是傻呼呼的右腦卻叫我去當記者、買卡車，還留了一把大鬍子。它說：「做吧！人生只有一次。如果不做的話，你會後悔一輩子的。」

於是我穿上抗重力衣、戴上頭盔和氧氣罩，爬進眞正的飛機，接上所有的吊鉤、皮帶、按鈕、管線和夾子，準備飛上青天。這是一架F-16B獵鷹式兩人座教練機。我坐在後座，飛行員杜達爾中校則坐在前座。我的座位上附設所有可以操縱飛機的裝置和儀器，但我只被允許使用其中三種：氧氣閥、麥克風開關以及座位調整機制。其實還有其他好幾百個裝置（包括一個很嚇人的『核彈』按鈕），但那些都與我無關。

經過多次檢查和校準後，我們終於滑出停機棚，準備展現F-16的飛行英姿。杜達爾把節流閥往前一直推到後燃器，飛機起飛了，我卻重重摔回座椅。我們在幾秒內就開了180節（每小時約200浬）。除了我的胃有點不適之外，一切都很順利。然後我們做了個轉彎。

這裡我必須說明一下。對大多數人來說，體會飛機轉彎的經驗，通常來自波音747或其他飛機。我們知道，飛機起飛後約20分鐘開始轉彎，你可以往窗外看飛機是否離地。然後，你向空勤人員要一杯琴酒或咖啡什麼的，開始讀《前鋒論壇報》。你或許隱約察覺到窗外的機翼略微傾斜，如此而已。那是我過去所熟悉的轉彎。

F-16的轉彎更迅速，轉瞬間飛機就能垂直轉彎。在你還沒喊出「我的天啊」之前，你已經回到起點。那天下午，杜達爾中校做了上百次轉彎，不斷翻轉或加速，輕鬆做出90度或180度的高難度動作，飛機簡直任他操弄。只要他往左邊看，飛機就乖乖往左飛。

砰！轟！咻！

我抬頭看座艙罩，卻無法再低下頭，因爲我的頭變得像石頭，想低頭卻重重地摔了回去、撞到頭墊。身上的抗重力衣開始充氣，壓縮空氣透過管路，迅速灌入固定在衣服內面的橡皮氣囊。氣囊像蟒蛇般把我壓得好緊：首先是腳踝，然後小腿，大腿……嗯哼！再來就是我的「腰部」。我的頭往後仰，雙手好像被箝住，膨脹的氣球眼看快把我壓扁了。

就在我要喊救命之際，F-16完成了轉彎，然後翻滾攀升。抗重力衣排氣了，我的頭回到原位。救命小組事先把塑膠袋塞在飛行衣的口袋，我把吃下去的午餐都吐到那個袋子。我心想要先拿掉氧氣罩，關掉麥克風，我不想讓中校聽到記者的嘔吐聲。他很有禮貌地問我到目前為止都還好嗎？我打開麥克風回答：「嗯哼。」他也禮貌地回道：「嗯哼。」

接下來更是令人驚嘆。比起低空的翻滾折騰，高空的飛行平穩且寧靜得多。我們爬到雲端，接觸清新的空氣和燦爛的陽光。對我來說，這趟冒險之旅的精華，就在於編隊飛行後的高空航段。只見另一架F-16飛到我們左側，機身在耀眼的白雲映襯下，顯得相當閃亮。中校說：「該你了，吉姆。」我右手握著操縱桿，左手握著節流閥，開始駕飛機了。

我稍稍搖擺機翼，讓自己抓到飛行的感覺。接著，在一次慢轉彎中跟另一架飛機的機翼保持300呎距離。兩架飛機維持水平飛行；我感覺到這架漂亮的銀色戰機所散發的威力與魔力。我凝視旁邊那一架並排飛行的F-16，好像在照鏡子。壯麗的白色積雨雲聳立在東邊，而我則握著操縱桿和節流閥。那一刻，我可能是世界上最平靜、愚蠢的快樂胖子。

有個空軍飛官告訴過我，開F-16是除了「床上運動」之外的最佳快感來源。的確如此。我就要滿五十歲了。我覺得再也沒有什麼會比開F-16更令人興奮、愜意或優雅的了。

至少，除了「床上運動」之外。

39

過炭火

雪瑞爾，35歲，阿拉巴馬州

過炭火那天是11月某個微寒的傍晚，在一處被高大松樹環繞的空地舉行。部落裡鼓聲隆隆，和我的心跳聲相呼應。我感到既刺激又不安，而且非常害怕。我和兩旁的人手牽手，他們不斷安慰我別擔心，他們會陪著我。我跟上百個準備過火堆的人，圍著一長條燒紅的木炭堆——也就是我們要踩過的火床。

準備過炭火了。一個高壯的男子拿草耙把燒得通紅的木炭鋪平，火花像發亮的蟲子般四處紛飛，沿著繚繞的煙霧向上旋轉，最後隱入星空。木炭燃燒的溫暖氣味混合著松針的香味，我心裡想著，炭火曾經是那麼溫暖而「安全」哪。

今天稍早的時候，每個人都在紙上寫下讓自己煩惱不安的事，然後把紙丟進炭火中，火焰吞噬了紙片，一切煩憂好像隨著紙張灰飛煙滅；然而我忍不住想著：下一個被火焰吞噬的會不會是我？我感到一陣暈眩，如果我暈倒跌到炭火堆怎麼辦？恐懼占據我的心靈，我的心跳愈來愈快。我小心翼翼地從火堆邊往後退，好像在學走路一樣。

領隊說道：「穩穩地走。不要停下腳步，也別走太快，免得有人不小心跌倒。」光想到踏進火堆就已經很嚇人，現在我腦中的畫面愈來愈恐怖。

他又說：「專心想著你的目標。」我不確定他是要我們專心克服恐懼，還是要我們專心想著炭火堆盡頭，那個墨綠色水桶。

「把火堆想成一床涼爽的綠藻。」這樣我的腳就不會被烤焦嗎？

我還在等領隊告訴我們「內行人的訣竅」。走炭火堆是營隊第五天的既定行程，可是我一直以為會有人傳授祕訣，但他什麼也沒說。我簡直嚇呆了。我絕對做不到，我告訴自己快閃人，卻看到一個瘦削而滿頭亂髮的黑人率先打頭陣，我只好在旁邊看著。

只見他大步跨過炭火堆，一邊發出原始的叫喊；走到盡頭時卻發出勝利的歡呼聲，好像贏了彩券一樣。我看呆了，說不定這並不難。我排在長長的隊伍後頭，距離火堆還很遠，所以我決定觀望一下。

沒想到隊伍很快就縮短了，居然輪到我站在火堆前。火堆散發熱氣，我往另一端看去，一直看到水桶後方，看起來好遠好長，我覺得自己一定辦不到。這簡直太瘋狂了。我差點哭出來，一面咬著牙提醒自己，其他人都順利過關了。

爲什麼其他人可以，我卻辦不到？我責備自己，如果我不走過去就太沒用了。看著吧。我作了幾次深呼吸，讓自己平靜下來，內心漸漸產生一種推力，逼自己跨出冰涼的地面，走上燃燒的炭火床。

過火時我一直喃喃念著：「涼爽的綠藻。涼爽的綠藻。」竟然一點也不覺得熱。我知道我有腳，而且腳在動，不過我的心靈好像跟身體分離了，彷彿漂浮在一股強烈而又平穩的氣團之上。一切結束得太快了，腳一踩進冷水，我的身體馬上回到現實。

我突然發現，自己做到了！我眞的走過火堆了。我心裡想著：如果連過火堆都難不倒我，還會有什麼辦不到的？

你｜也｜可｜以…

跑馬拉松．騎單車橫越歐洲．在公園踢足球．攀著繩索從懸崖上垂降．參加奧運競賽．參加短程直線加速賽車．蓋一幢房子．和鯊魚一起游泳．參加有許多觀衆的體育活動．成為鷹級（梅花）童軍

START
起點

哪個階段的你身材最勻稱？

你曾在最後一刻怯場嗎？

命運

說出一種你想參加的競賽。

說出一種你想更專精的運動。

你打算鼓勵友人參加什麼挑戰？

哪首歌像「男兒當自強」一樣讓你充滿鬥志？

你願意為了什麼事好好地接受訓練？

說出一種你想每天做的運動。

說出一種你想重拾的運動嗜好。

機會

迄今走路／游泳／跑／騎單車最遠距離到哪兒？

機會

你上回氣喘吁吁
是什麼時候的事？

說出一項你仍想
證明自己還辦得
到的事。

?機會

在體能方面，
你冒過最大的
風險是什麼？

哪一個朋友的實力
和你不相上下？

Part 4 挑戰極限

說出一種你想嘗試的
體能冒險。

說出一種你希望
和朋友一起玩的運動。

!命運!

你是否曾得爲別人的
安危負責？

你有運動類的偶像嗎？

NEXT
施比受更有福

誰一直以來都是
你最好的教練？

哪些話最能讓你
堅持下去？

!命運

PART5
施比受更有福

40

救人一命

41

還一筆良心債

保羅，30歲，邁阿密

神父啊，我有罪，請原諒我。其實我不是特別虔誠的教徒，但一直努力過還算有道德的生活。即使我大體上是個好心的人，有時還是免不了誤入歧途。

那年我十七歲，在樂團當吉他手。我們樂團不算特別出色，但也在一所地方女校公開演出過幾次。校方不喜歡一群小伙子又唱歌又賺錢，所以門票只准賣五毛錢，而且必須捐給慈善機構。在某一場演出之後，我負責保管門票收入——大約一百塊美金——並且負責把錢交給某個指定的慈善機構。麻煩就這麼開始了。

由於我的惰性使然，那些錢在衣櫃裡擱了將近一個月。後來，有一天晚上我急著要拿點現金出去玩——在找遍其他地方之後——我挪用了那筆善款。我數了二十塊並留下借錢的字條，還覺得自己很誠實。

不用說，這樣的情況又發生了幾次。沒多久，裝錢的袋子裡就只剩下那些宣稱我會盡力償還借款的字據——好吧——不是借款，是竊據的款項。而這些字據呢，有一天就這麼不小心（故意）丟掉了。我知道這麼做不對，但罪惡感很快就消失，我也不再把這件事放在心上。

一直到幾年後我上大學，這件事才又開始觸動我的良知。罪惡感越來越強，侵占善款的祕密不斷折磨著我。那時我已有了全職工作，可以輕輕鬆鬆地用一個星期五晚上喝小酒的錢來償還，但我仍然沒有這麼做。

事實很清楚，我們現在講的並不是一筆大數目。但問題不在金額，讓我煩惱的是這件事的本質——竊占善款，眞是太可恥了。

有一天，我突然開竅了。我在報紙上看到那個慈善團體呼籲大眾踴躍捐款。令人恐懼的罪惡感一下排山倒海而來，多年來的自私終於叫我無地自容。我塡好捐款表，很快放入待寄郵件裡。

我並沒有馬上獲得解脫，但多少得到紓解。我心裡明白，我一定要償還比當初拿的還要多好幾倍才會安心。我設計了如下的公式來計算應當償還的金額：

$$(100+b)\times c=a$$

100是我竊占的金額，b是原金額的十年利息，c等同「難以估算的罪愆」，而a則是該償還的總額。這樣算起來實在很多。

那是兩年前的事了。幾個月前，我決定要增加每月「捐款」，而且是無限期地捐獻；我不只要清償心頭重擔，還要額外定期樂捐，那是我最起碼做得到的事。

從大處看來，我的作爲——無論善或惡——或許都不會有太大差別，但只要我能把自己的生命導入好的方向，那我至少可以問心無愧，在往前邁進時少一些悔恨。

今天就做

42

留點錢給陌生人

適合藏錢的地點：稀疏的灌木林，圖書館某本藏書的書頁之間，或是雜貨店的蔬菜架上。

慎選給錢的目標：

——女侍或老人家，是不錯的對象

——八歲以下的小孩；因為他們看到錢眼睛會發亮，就像看到聖誕禮物一樣

——已經兩天喝不起咖啡的潦倒作家

43

幫助未婚小媽媽

西琳，21歲，英國

我曾經在南非夸祖魯那塔省的育幼院當了兩年助理。長時間下來，自然會和一些孩子特別投緣。

這些孩子之中，有一個聰明、美麗、內向的15歲女孩名叫蘇麗。她來找我，告訴我她懷孕了。她不善言語，但是我們花了好幾天，思考該如何應付這個問題。她的母親棄她而去；由於當地的文化和宗教信仰，她非常害怕會被退學、被趕出育幼院。

蘇麗自認犯下「滔天大罪」，覺得自己污穢不潔，一無是處；對於自己讓別人失望深感愧疚。信不信由你，她向來尊敬、景仰的那些人都對她施加壓力；恫嚇她，而不是安慰她。幫她做第一次產檢的助產士，低頭看著蘇麗說：「妳知道妳這輩子已經完了嗎？全被妳毀了，毫無指望。」我聽了簡直瞠目結舌。

縱使其他人都冷眼旁觀，我仍然有強烈的念頭要保護蘇麗。她就像我的妹妹，我覺得自己必須全力以赴，不能讓她繼續沉淪，深陷這個已經困住她的黑暗深淵。

蘇麗在16歲生日那天被趕出育幼院，那時她已經懷孕八個月。她無處可去，我也無權說服院方讓她留下。我陪她搭貨車回她的老家。一路上蘇麗面無表情，我把手輕輕放在她背上，覺得體內的每一滴血似乎都流失了。

蘇麗獨自待在親戚的空屋中，心裡慌亂又害怕。我只能給她一點錢，留電話號碼給她。我氣自己不能再爲她多盡點力。當天晚上，我決定要不顧一切對抗這件事。

好友的姊姊住在附近的小鎮，隔天，我和她商量好讓蘇麗去住她家。這是最好的安排，因爲如此一來蘇麗至少有人照顧。那天晚上，我在照顧一些幼童時，有個小孩交給我一張字條，是她在抽屜裡找到的。字條是寫給我的；事實上，是蘇麗幾個月前寫的遺書，當時她吞了半瓶疥瘡藥。

我從沒想過她會那麼沮喪。我去找育幼院的管理部門，請求他們協助，但仍然碰了釘子。他們認爲要讓蘇麗作爲其他孩子的警惕，要「殺雞儆猴」。我當場辭職不幹。

我馬上去找蘇麗，把字條給她看。我問她這件事時，她覺得不好意思，但是她向我保證她不再這麼消極了。從那一刻起，她明白自己並非孤立無援；情況漸漸開始好轉。

我每個週末都去陪她。我們一起去做產前檢查、爲即將到來的寶寶添購衣物、讓她吃得好、吃得健康，並且等著那期待已久的日子。

三月底某個午夜，我們趕去醫院待產。隔天下午一點半鐘，蘇麗生了個可愛的小男嬰。生產過程很辛苦，但是蘇麗意志驚人。

我覺得最美好的一刻，就是蘇麗剛生下小孩時。我一手放在躺在保溫箱的嬰兒身上，一手握著蘇麗。她看著我，告訴我嬰兒取名爲凡奈，祖魯語的意思是「註定會發生的事」。這時，我的淚水順著雙頰流下。我們共同經歷的低潮和不公平的對待，都消失無蹤。

蘇麗現在比以前更健康快樂。她仍然和那家人住在一起，也返回學校完成最後兩年的學業。她的兒子現在一歲，健康又可愛。她非常愛孩子，而且我知道，孩子的母親擁有足以移山的意志力。

44 援助破落小鎮

理查，38歲，紐澤西州

我在本地的報紙上看到一篇報導，說本州北部的一個小鎮近年來日趨沒落，商家一一倒閉，當地居民被迫身兼數職，仍難顧全一家溫飽。我以前較少參與慈善活動，不過我決定給女兒和她的同伴來個機會教育，因爲她們可能沒有機會親眼見到如此慘淡的情況。

於是我們寫了封公開信，說明我們想收集物資送到該城鎮。我本來打算租一輛卡車，帶著女兒和她的同伴一起把東西送過去，結果大家的回應卻是出乎意料的熱烈。

我們收到毛衣、牛仔褲和外套；許多都是青少年只穿過一兩次就不要的衣服，但對小鎮居民卻很實用，他們應該會很高興。女兒朋友的家長不只捐了衣物，還捐了許多家用品。

我也趁此機會出清我的儲藏室，裡面塞滿舊床墊、床架、餐桌、沙發，電腦和腳踏車，都是以前捨不得丟的東西，但我知道應該把這些送給更需要的人。

我和該鎮的商會聯繫，告知他們我的想法，他們開心極了。商會接著和當地的組織一同安排，該把哪些物資分配給哪些團體。

一週後捐助物品送抵該鎮，鎮民將物資集中於一處，再請各個團體取回所分配到的物資。

鎮上有些人得知消息，也主動表示想捐贈物品。隔週他們辦了一次拍賣會，募得超過900美元，義賣所得交給當地最急需援助的幾個團體。

45

拉他們一把

就在今天，發揮你的消費良知，向大型連鎖商店說不！

試著刻意繞路消費，以實際行動支持社區內的小店、藝術家或經營困難的創業者。像是，到個性小店買雙漂亮的手織隔熱手套……

46

當海龜巡守員

愛咪，32歲，波士頓

要在拉丁美洲的巴貝多擔任海龜巡守員，你得有一隻最大的強力手電筒，再用驅蟲液在全身噴個好幾層。出發之前我也以爲，不喝上三大杯咖啡，我絕對沒辦法從晚上八點撐到隔天四點。事實證明我錯了，腎上腺素是人類的好朋友，有它就夠了。

海龜爬牠的，人沒事去巡牠作啥？原因在於每半年大約有五次，母鷹嘴海龜（俗稱玳瑁）會努力爬回牠出生的海灘，選定下蛋的好地方、挖個約30公分深的洞、產下150個蛋、再把蛋埋起來。接著，母海龜便爬回海裡，不會再見到牠的後代，也無從得知小海龜的命運。而我們這些海龜巡守員的任務，就是要把新的海龜窩標記在地圖上，去探視那些理論上該孵出來的小海龜們，數數孵化後剩下的破殼、看看是不是有小海龜夭折：有些連殼都沒破，有些則是破殼後悶死在沙堆裡，或是在努力爬出沙堆的過程中精力耗盡而死。

就算是那些真的爬出了沙窩、呼吸到新鮮空氣的小海龜，每一隻都有可能在接下來的幾天裡喪命。附近旅館的燈光可能會讓牠們爬錯方向，離海愈來愈遠，最後脫水而死。即使牠們最後幸運地投入海洋的懷抱，沿岸有各種掠食者正虎視眈眈。不管牠們是往哪邊爬，海鳥和野貓並不是小海龜的好朋友。最後，一千隻小海龜中，很可能只有一隻能活到成年——而我們這些海龜巡守員的任務，就是要讓這個比例提高一點點。

大約凌晨兩點，熱線響起。有人在旅館後面瞄到一隻海龜啦！出動！

那隻海龜媽媽可真夠瞧的。以前只有在家裡看電視畫面上的海龜，聽著優雅的英國腔旁白講海龜的故事，現在可是活生生地看到一隻重達一百公斤的海龜在眼前爬行。摸著她粗糙而帶有花紋的殼，耳裡聽著陣陣海浪拍打著岸邊，這種經驗是看電視完全比不上的。這隻生物啊，搞不好比我們的爺爺奶奶都還老，也會比我們任何一個都長壽哩。她活了這麼久，游過了幾百哩的距離；不管是漁網、船隻的推進器、捕海龜的人、暴風雨、還有那些我無從想像的危險，都沒能打倒她。

我們坐在那兒，等著、看著，小心翼翼隔著一段距離，以免驚擾到她。只見她挖出一個窩，心滿意足地下著蛋。事後我們量了她龜殼的大小，檢查綁在她腳上的識別牌號碼，藉此得知這隻海龜多常回到這片海灘，也許還能推測這一季她已經下了幾窩的蛋。

把蛋埋好後，她用一種我們意想不到的速度（就海龜而言，這可快得像閃電一樣）爬回海裡，消失在夜裡的浪濤中，只留下海灘上之字形的爬行痕跡、十幾個看得嘴巴合不攏的旁觀者、還有她的一窩蛋。我們在地圖上標記她的窩，畫上附近明顯的樹和一堵石牆當地標。然後，一行人再踏上巡守海龜窩的路。剛才看到的美妙景象，讓我們熱血澎湃。

那個晚上我們巡守的最後一個海龜窩，為整夜畫下完美的句點。有三隻小海龜活下來了！我們輕輕把牠們放在一個桶子裡，讓牠們先適應一下空氣，然後牠們開始四處亂爬，顯然是想回到海裡和其他手足團聚。我捧起一隻小海龜，牠就這樣趴在我的手心，不到一個巴掌大，好可愛、好輕好小。這樣一個看起來脆弱不堪的小傢伙，到底要怎麼活下去？

我走下海灘，把小海龜放在離海邊不遠處，再用手電筒引導牠向前爬。牠試探性地爬了兩下，接著在海洋的呼喚下愈爬愈快。一開始還看得到是一隻小海龜，後來是海灘上閃閃浪花中的一個小小黑色斑點，最後就看不到了。我忽然覺得有點難過，可是也受到很大鼓舞——我剛剛幫了一隻海龜哩！牠也許只能多活一下下……但也可能再活個一百年。

也許，有一天牠還會再回到這片海灘。

47 與街友共度耶誕

畢特，40歲，倫敦

以前對我來說，耶誕節就是個尋常的假日，放個假就結束了。幾年前那個耶誕節，過度商業化的氣氛令人相當反感，和家人團聚也沒讓我感受到節慶歡愉的氣氛。那年大家脾氣特別大，一整天大小爭執不斷，終於一發不可收拾，爆發激烈口角。我重新將行李收拾好，像個宿醉發作的聖誕老人，把禮物發一發，便離開老家獨自返回市區的住處。這是我人生中第一次沒跟家人過耶誕節。

那天，我想起之前看到的一篇新聞報導，是「危機與轉機」街友慈善機構在耶誕假期徵求熟悉電腦操作的志工。當時，我覺得這正是一項契機，讓我能以積極正面的方式，貢獻心力，將耶誕節眞正的美意傳達出去。在網頁上按下確認鍵後，我加入了志工行列，想像自己坐鎮客服中心，趴在線路堆中解決各式問題。不過，當指令下達時，實際狀況跟想像頗有差距。

該機構請我在耶誕節和次日到酗酒戒護中心幫忙。耶誕假期期間，該中心是全市唯一仍照常服務酗酒街友的場所。

我在耶誕節當天到達戒護中心。一股奇怪的霉味撲鼻而來，像是幾百萬個車庫大拍賣同時舉行似的。我不爲所阻，仍然往志工報到處前進，準備聆聽新手講習，了解值班時可能遇到的狀況。聽了幾分鐘之後，對這些工作人員油然升起崇敬之心，因爲他們當中很多人都是犧牲了整個耶誕假期來規畫、推行這項艱鉅的任務。

負責新手講習的吉姆，年約四十出頭，是個笑臉盈人的蘇格蘭人。我和其他志工聽他說明，如何將工作效益發揮到最大。首先，他希望我們能和上門的「個案」談談。對大半輩子幾乎都受人鄙視的街友而言，陪他們「好好坐下來談一談」是無可比擬的。另外，吉姆還講授了其他技巧，可用來幫助求助者。講習結束，我戴上名牌，往住宿區前進。

工作人員告訴我，街友如果酗酒或染上毒癮，就很難憑一己之力站起來；他們需要專業的協助。講到酗酒，我很驚訝每個人對酒精的反應天差地別。很多人會嗓門越來越大、幽默感十足，情感一下子豐沛起來。有些則變得愛鑽牛角尖、悶悶不樂，有時還會有攻擊他人的暴力傾向。

泰夫讓我眞正見識到酗酒是多麼可怕，勞形傷身。聊天過程中，泰夫態度逐漸放鬆，我便問起他流落街頭的原因。泰夫娓娓道出他的悲慘過往。他從小便是家暴受害者，父母親都會對他施暴，後來他逃家跑到城裡，小小年紀就開始喝酒。逃家當天他所喝的酒，多到胃裡再也灌不進一杯白開水。

我邀請泰夫一同到餐廳，共進耶誕大餐。他說他會好好表現，盡可能不失態。

我們走進餐廳時，用餐區還有些「地盤」問題搞不定。有些人執拗地不肯與其他人在同一間房內用餐，不過最後事情總算稍稍解決；不論是工作人員還是個案，都戴上了耶誕帽，一塊用餐。這次整個志工經驗中，這是最讓我永誌不忘的一刻，或許是因爲這讓人想起耶誕節的眞諦，同時這也是極佳的例證，說明有能力的人，可以齊聚一堂，幫助那些一無所有、能力不足的人。

回顧這次經歷，戒護中心的志工個個親切友善，而他們犧牲耶誕節假期，不論立意爲何，在在都令人感動。戒護中心的工作人員也同樣偉大，他們對外界的援助，心存感激；在處理各種狀況、形形色色的求助者時，也相當熟稔，甚至常常不顧自身的安全，實在值得我們欽佩。

48

參加抗議遊行

克里斯，29歲，倫敦

務實保守的成長背景告訴我，如果你很想在大街上叫喊，那麼你不是精神錯亂就是過度天眞。從追求舒適安全的中產階級觀點看來，抗議遊行似乎有些危險又不太文明。激情的群衆爲了正義而走上街頭，好像跟我的家庭毫無關係。對我而言，站出來勇於維護自己的權利，頂多是爲了要求退款而在百貨公司的服務台嚷嚷罷了。

這個根深蒂固的觀念，在我成年離家後開始動搖，隨著年歲漸長而不斷受到質疑，最後在我國政府向遠在3000哩外的國家宣戰時，終於徹底瓦解。

我其實不確定這次戰爭是否是個錯誤。雖然流傳著各種說法，卻無助於了解實情——並非所有論述都是合理的。我們的領導人說不採取行動將產生可怕的後果，我有那麼點被說服。但這個說法還是讓我覺得怪怪的、太便宜行事，而且開了不好的先例。

很多人也有同感，因此他們計畫在週末上街遊行。當我看到他們的傳單和新聞報導時，我發現自己第一次考慮要走上街頭，加入他們的行列。

遊行前幾天，我打電話給姊姊。我說我想參加抗議遊行，並試圖說服她。但她不為所動，她很愛國，並以一個愛國者的觀點告訴我她為何信任那些掌權者，並認為戰爭是唯一選擇。

她的態度讓我很洩氣，但更重要的是，我發現她的確比我還了解得多，而且立場很堅定。我有點嫉妒。我的心思正隨著一場瘋狂的情境而起舞，但我又真的知道多少呢？我有事實根據來支持我那不可靠的直覺嗎？我真的有勇氣面對自己的信念嗎？

最後我還是下定決心參加遊行——不再旁觀和空談了，我要親自體驗，為自己的理念走上街頭。

我沒那麼擔心上街頭，反而比較擔心自己臨陣退縮。如果不去，我自己會怎麼想？這是個千載難逢的發聲機會。我難道沒有勇氣站在群眾之中嗎？如果我不加入抗議行列，那麼我未來哪有立場來談這件事？

當我跟妻子到達現場時，我開始躊躇不前。當我們從地下鐵搭電梯來到大街時，現場的喧囂騷動使我望而生畏。空氣中瀰漫著一股革命的氣息。數以千計的民眾已經聚集成群。我該如何加入呢？這些群情激憤，走上街頭的民眾，怎麼可能代表那獨特的意見——

我的意見？

我們笨拙地爬過路旁圍起的柵欄，走到示威人群之中，加入遊行行列，不再是沉默的大多數。

我一加入抗議群眾，就發現他們完全不像電視新聞所報導「抗議者」的刻板形象。他們不是煽動份子，也不是爲了保障工作權而抗議的工會團體，更不是嬉皮裝扮的作秀團體。很多人都是第一次參加抗議遊行；有的全家出動，穿著整齊，背包還塞了雨衣。有人送三明治，有人遞熱湯。有時，感覺這場遊行像在露營，而不是在阻止一場世界大戰。

很多人在臨時搭建的講台上演說。有人宣布這是倫敦有史以來規模最大的一次集會，現場歡聲雷動。

集會快要結束的時候，我和妻子先行離去。走到幾條街區之外，我們赫然發現自己正走在馬路中央。我們感到前所未有的自由，愛怎麼走就怎麼走，這些馬路好像屬於我們和其他的抗議同伴。這次經驗讓我們有當家做主的感覺，好像剛剛投完票一樣。

和參加遊行的大多數人想法一樣，我知道僅僅這一天是無法眞正阻止戰爭的，但是我們已經喊出心聲了，執政者下次也許會三思而行。未來如果還有必要上街頭，除非有天大的理由，否則我一定報到！

49

陪伴家暴受害兒成長

葛拉漢，20歲，印地安那波里斯市

我們倆第一次見面，是在一家嘈雜的安親班。空氣中充滿了小孩的味道：花生醬、果醬三明治、遊戲場的泥沙、美勞作品的膠水跟蠟筆味。我身高近200公分，在一群小學生中簡直是巨人，馬上吸引了許多小跟班。他們好奇我叫什麼名字、年紀多大，尤其是我到底有多高？

這些小朋友興高采烈地歡迎我參觀他們放學後的家：這所安親機構專門照顧萊思中心（the Rise）裡的小孩。萊思是一所位於印第安納州的中小型機構，專門收容該州的家暴受害女性和小孩。

萊思找我來的目的，是希望潛移默化這些蒙受家暴陰影的孩子，避免他們日後成為家暴加害人。萊思認為，除了良好的養育之外，如果孩子身邊能有個良好的行為典範，可以幫助他們培養良好的讀書習慣與健康的生活方式。我原本就一直希望可以在大學階段多多參與當地社區活動，因此在萊思當導師似乎是個絕佳機會。

兩個八歲大的小女孩拖著我逛完整個安親機構之後，一位義工上前迎接我。我告訴她我的姓名，告訴她我是來找我的「導生」的。

話一說完，馬上有個男孩從房間另一頭跑過來拉我的褲子，他從我一進來就在注意我。查理只有八歲，小小的個頭，戴著一副眼鏡，聲音聽起來很興奮。他一整天都在等著見我。他完全不浪費一丁點時間，劈哩啪啦問了一大堆問題，迫不及待想知道我所有的事。他比起從前跟他同年紀的我還要聰明、健談。

我本來一直對這次的會面忐忑不安。儘管我受過訓練，知道怎麼跟小孩談論家暴，知道如何辨別孩童家中是否有新近暴力事件，然而，如何跟小孩建立關係是無法訓練的。我很希望我倆可以處得來。還好查理一見面就給了我一個溫暖的擁抱——像小孩擁抱爸爸一樣——於是所有的疑慮都消失了。

見過查理之後，我見到他母親。她是個堅強的女性，帶著四個孩子搬到印第安納州，避開有暴力傾向的另一半。她跟我都覺得我和查理很合得來，於是我成爲查理的導師。

對查理來說我更像是個朋友，一個他可以信任和一起玩的朋友。我接送查理放學、陪伴他、了解他。一個星期後，我對於這個全新的角色不再感到害怕不安。查理並未期望我爲他的生活帶來什麼劇烈的變化。萊思中心或政府機關總是把查理視爲統計數據裡的一個數字。但查理只想當個小孩，他最大的期望就是每分每秒都盡情玩樂、歡笑。

玩樂非常重要，因爲查理無法得到一般小孩該有的歡笑。查理的母親得獨自帶大四個小孩，還得一邊進修大學學位。她是個稱職的母親，很愛她的小孩，不過她的時間跟心力有限，沒辦法給每個孩子個別的關注與照料。所以我跟查理的聚會就顯得很特別；因爲他可以在我這裡得到個別的關注，有一位值得信賴的大哥哥特別照顧他。

查理一開始就很信任我。有個下午我到安親中心接他，問他那天在學校做些什麼，他說上課的時候老師講解有關臭氧層的問題。他用大人般的口吻說，臭氧層破裂會有什麼危險、對地球會有什麼影響，還告訴我，他很害怕臭氧層破壞以後人類會隨之滅絕。

他說：「我不希望因爲臭氧層破裂而死掉，因爲我還沒跟女生親過嘴。」一段簡單的對話，卻令我十分難忘，因爲那是查理私密的感受。他願意跟我分享想法我很感動；那表示他相信我，而且願意告訴我他在想什麼。

我希望我可以對查理的人生有一些影響，不過我不奢望等他長大後，越來越有成就的時候還會記得我。其實查理才是我的心靈導師，他讓我對生活有更多體會，這都是托查理的福。我現在知道自己此生的願望是，有一天能生養自己的小孩。

命運	哪個公眾人物的想法和理念最令你心嚮往之？	你收過最棒的禮物是什麼？你送給別人最棒的禮物是什麼？	START 起點

社群

在你的生命中，誰對你的正面影響最大？

有哪個當地組織的目標是你所支持的？

想想看有哪個人現在可能需要你的幫助。

你有多了解你的鄰居？

說出你一向視爲理所當然、而不夠珍惜的哪個人或哪件事。

誰的慷慨令你受之有愧？你要怎麼回報？

機會

哪一種暴力可以合理化嗎？	機會	全球暖化？全球化？你覺得目前我們面臨最急迫的問題是什麼？	公義 最近有哪個新聞讓你感到震撼？

為了某些改革，
你願意付出的底線
是什麼？

你參與過最令你驕傲的行動是什麼？

? 機會

在你的生命中
有誰做過令你
難以原諒的事

你覺得現在的世界比十年前好嗎？

Part 5

施比受更有福

你是否曾對不起誰？

你希望你的小孩相信什麼？

公義

你上次投票是什麼時候？

命運

你認為一項「值得努力的公義」要如何定義？

你想改善現今的教育制度中的哪一點？

NEXT
學無止境

說說看你覺得值得奮鬥爭取的一項目標。

你願意為了什麼而貢獻心力？

! 命運

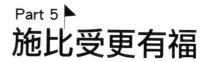

PART6
學無止境

50

學一種魔術

51 學唱歌劇

珊蒂，55歲，麻州

今天她說我眞是太可愛了，然後打我一下。我不是家暴受害者——至少我希望自己不是——我不過是在這把年紀唱歌劇罷了——在這種年紀要是一開始就太認眞，可能很快就會放棄。教我唱歌的老師比我大了幾十歲；她是個完美主義者，對音樂求好心切，讓她有時激動忘形。沒錯，我的確在唱高音時本能地聳起肩膀；這不是飆高音的理想方式，她打得有理。

這個令我著迷的新歡，完全是無心插柳柳成蔭。一開始是因爲我加入社區合唱團，從小型的半獨唱——四重唱，三重唱，二重唱——逐漸演變到現在唱歌劇，飾演《弄臣》裡爲愛犧牲的天眞少女吉爾達，這是我迄今爲止最大的挑戰。我負責唱詠嘆調〈甜蜜的名字〉，難度超高，有很多高音B和高音C，而且在倒數第二音節有很多飆得更高的顫音。那麼高的音域，我以前都覺得只有狗才聽得到。這項任務眞是令人望而生畏。

每回我到保列蒂的工作室練唱（深「膺」吸，不要噴「漆」（氣），她充滿瑞士腔的諄諄告誡在我腦海徘徊不去），不禁想到我這項新偉業，看來可跟美國作家費滋傑羅的妻子潔兒達三十幾歲才開始學芭蕾舞相比，一樣的神經兮兮。就算我能唱到不錯的業餘水準，我還能唱多少年？但是每回下課，我就有如御風而行——沈浸於歌劇〈費加洛婚禮〉的二重唱〈溫柔夜風〉當中。

樂句在我生活中如影隨形，我克制自己不要在逛超市端詳貨架上的什錦沙拉時，突然引吭高歌。但如果是一個人開車，就不管那麼多了，我一下子變成女高音卡拉絲和蘇莎蘭的混合體，充滿名家的爆發力。

我母親以前是樂團裡的小提琴手。她這個向來打死不運動的人，卻在六十好幾的時候開始學打網球，所以我這種晚年痴狂算是其來有自。母親的身體愈來愈好，而我也慢慢地不再害羞，因爲唱歌的人不可能躲在後頭，希望別人不會注意到你。你得站出來，到舞台正中央。我總是想像自己爲音樂而奉獻，才敢這麼拋頭露面。還有，自尊心要暫時放到一旁：因爲一去思考自己唱得好不好，就唱不下去了。

彷彿在下坡道滑雪一樣，演唱總如電光火石，一衝而下，令人五臟翻攪。你那口氣換過來沒？沒有？喔、喔⋯⋯不妙，加速前進吧，別花萬分之一秒自責，因爲來不及啦。唱到最後，腎上腺素狂飆，要許久許久才能回過神來，想起身在何處。幸運的話，在某個時間點，魂不附體的你還能蹣跚地走下台。

或許你以爲演唱結束後，衆人的讚美就是最大的回報，但其實最大的收穫是：即使理性告訴你一定辦不到，你卻仍然鼓足勇氣上台。

「別去襄（想），去做就對了。」保列蒂的聲音無時無刻提醒著我。眞希望幾十年前就認識她，現在我很高興有她對我又戳又捅又讚美，即使她有時眞的是激動忘我。我自己也開始像她那樣激動忘我了。

52

學開飛機

瑪麗，46歲，俄亥俄州

我希望自己可以宣稱：我20歲那年學開飛機，是爲了追求畢生的夢想。但實情並非如此。當初我考飛行員執照的眞正動力，只是爲了向哥哥「嗆聲」。我想給哥哥一個教訓，讓他永難忘懷。

事情是這樣的：有一次父親的友人安德伍德先生駕著私人飛機，從巴哈馬飛到佛羅里達，他讓我當他的副駕駛。那感覺眞特別。當飛機穿過雲層時，一開始會盡量避開雲層，就像碰到路上的不明物體，然後鼓起勇氣鑽入雲中，在雲堆裡看雲。

安德伍德先生告訴我父親，我是天生好手。這次飛行的經驗很有趣，但是我並沒有想太多，直到我告訴哥哥這件事，順口提到：「有機會的話，我覺得學開飛機也不錯。」沒想到他立刻語帶不屑地潑冷水：「妳永遠學不會開飛機的，這比妳想像中困難多了。」他這樣回答我並不意外，因爲我是女生，而且是他的妹妹。但是我激烈的反應連我自己也大吃一驚；雖然我嘴上說：「對，你說得可能沒錯。」腦海卻浮現一個畫面：我在駕駛飛機，哥哥坐在後座，拜託我饒了他，還狼狽地吐了一身。我當時便立誓要學會開飛機。

沒過幾天，我就報名俄亥俄州立大學私人飛機地面基礎班。我本來就在那所大學修夜間部的課，而且需要補一些選修學分，所以沒什麼不方便。我也開始找有關飛行員的書，我最喜歡的是《飛翔的喜悅》，書中說到學生和教練的關係很重要。通過地面基礎班後，我立刻開始進行飛行訓練。

我當時20歲，我的教練才18歲。教練和我哥哥一樣是大男人主義者；他一副不情願的樣子，好像抽到下下籤似地，因爲他和班上唯一的女性同組（還眞是「飛翔的喜悅」）。最低飛行時數爲40小時，我的教練似乎認定我得花80小時才能通過。我一度有點灰心，但不一會兒，鬥志再度燃起。經過爲期四個月，長達45小時的飛行時數、幾次瀕死經驗，我正式取得私人飛機駕駛資格。

這件事可說是因安德伍德先生而起，他後來透過卡片和電話「遠距教學」。我在第二次獨自全國飛行時，從德頓市飛回哥倫布那一段迷失了方向，這是人生中最令我恐懼的經驗之一。後來也是安德伍德先生的卡片，讓我有勇氣再度開飛機；卡片上寫著：「唯一不會迷失方向的飛行員，就是不飛的飛行員。」

幾個月後，我也實現了另一項目標。我哥哥的朋友彼得有架私人飛機。我們決定在一個晴朗的午後，由哥哥、彼得和我三人一起載我妹妹作短途飛行。我私下告訴彼得和妹妹我真正的計畫。當我們攀升到足夠高度時，彼得慎重其事地將操縱裝置交給我，我記得他對後座的哥哥大叫：「保羅，別擔心，她現在很會開。」

我知道以後再也沒有機會讓哥哥坐我開的飛機，我突然將飛機轉彎90度，然後反方向再轉一次，接著一次又一次。當時哥哥臉上的表情，我一輩子都不會忘記。

對我來說，當初學開飛機的動機雖然是爭一口氣，但絲毫不減飛行本身的快感。比起其他所有我做過的事情，開飛機給了我最大的信心。

53

學跳舞

如果「透過肢體表達自我」只侷限於在高速公路上被超車時比出不雅手勢；也真是可悲。

今天，何不學習新舞步，找回往日時光的魅力。

你可以選擇：國標舞、探戈舞、吉特巴舞、黏巴達、復古的機械舞，如果參加婚禮，就選可靠的「狐步舞」。

54

學養蜂

哈利，34歲，倫敦

我的遠親約翰會深海潛水，而且還養蜜蜂。我十歲左右時第一次聽媽媽提起這位遠親，就對他養蜜蜂這件事著迷不已：養蜜蜂？而不是揮手趕走蜜蜂？把蜜蜂關在籠子裡嗎？要怎麼養？

我知道蜂蜜跟蜜蜂有關，可是怎麼個有關法？這讓我冒出更多問號。蜂蜜是直接從花朵採來的嗎？還是蜜蜂製造出來的？那是從嘴巴還是屁股，還是其他更怪的地方？蜜蜂很樂意把蜂蜜送我們嗎？爲什麼？這麼常見的東西，它的來源探究起來卻是如此神祕。

四年前我換了工作，在寫履歷時赫然發現自己沒有任何嗜好，當下決定應該開始培養。我突然想起約翰和蜂蜜之謎，於是打算以養蜂爲嗜好。整整一年，我參加各種課程、閱讀相關書籍，並加入網路聊天室，聽養蜂人交換心得或討論蜂群、收成，和各種疾病。我買了一頂保護頭罩，還戴著參加化妝舞會。我的家人興奮地開始收集空罐，準備用來裝蜂蜜，我到處向人炫耀我的嗜好，並自稱為「準養蜂人」。

第二年夏天我搭好蜂巢，用50英磅向一個住在32公里外遠的人買了一箱蜜蜂。我戴著頭罩開車回家，車廂裡的箱子嗡嗡作響，每遇顛簸就跟著稍稍移動。

轉眼過了將近十個月，我仍在學習養蜂之道，但我已無法想像沒有蜜蜂的日子。在夏日早晨，和蜜蜂共度幾個鐘頭，那種內心的寧靜簡直無與倫比。蜜蜂在四千萬年前就已完成演化，當時人類還只是渾身泥巴的癩蛤蟆呢！蜜蜂比人類完美多了，而牠們似乎也明白這一點。能一窺牠們的世界眞是太幸運了，就算被叮又算什麼。而且，就像許多爸媽把自家小兒的通心粉勞作當成絕世佳作，我對我家蜜蜂的手藝也是相當自豪——牠們生產的蜂蜜是無上美味。

55

學義大利文

伊曼紐，36歲，克里夫蘭

我小學三年級時就愛上了法文，布魯克老師上的課我記得一清二楚，就好像是昨天才發生的事。從一數到十、星期一到星期日的唸法、還有那句忘也忘不了的*fermer votre bouche*（閉上您的嘴）。但小學兩年法文課結束後，我只記得幾個片語。有時我還能吐出幾句完整的法文情話，讓媽媽在朋友面前得意一下，不過，最多也只有這樣了。

但我還是想精通某種第二語言。我是非裔美人，卻不太可能善用我的文化遺產。畢竟我的祖先早已遠離非洲，而黑人英語又不算是一種外語。

直到九〇年代我加入空軍時，才再度接觸到其他外語。服役六個月後我受召參加沙漠風暴作戰，先後派駐沙烏地阿拉伯和埃及。我趁機向店家和計程車司機學了幾句阿拉伯語。雖然在中東地區待了六個月，但後來我只記得「謝謝」怎麼說。

後來我轉調至義大利北部的基地，情況終於有所轉變。我住的地方離威尼斯僅有45分鐘車程，我知道我得努力學習當地語言，而不是當個自大的美國人，要求當地人配合我說英文。我也不希望到酒吧點酒，卻意外點成了「一杯牛」。我成天聽語言學習錄音帶，向當地人請益，最後還到學校修了一門課，加深了我學習的熱情。但最有效的莫過於在當地生活了一年，常和當地人聊天，加上聽廣播看電視。在我離開義大利時，我已經能用義大利文和別人流利的對話，甚至還能說上幾句俚語，我簡直是上癮了。

至今我還是很喜歡說義大利文，用打舌音在我家附近的義大利餐廳點餐後甜點酒，或是在看有線電視的義大利文新聞時學上幾句。不過，十年後的今天，我的功力明顯大不如前。

社區大學開了義大利文課，但是我有事業有家庭，實在很難抽空上課。再說，我早已把大部分的退伍軍人津貼，用在取得另一個更實用的學位：企管。在人生大限前我一定會回去上課，重拾流利的義大利文。這是我對自己的承諾，而且我打算信守。

56 完成大學學業

季娜，54歲，紐約州

我在紐約州的布隆克斯長大，父親是個有酗酒習慣的酒保，母親在超市上全天班，養育七個子女，所以我想上大學，可說是連門都沒有。

二十歲那年，我結婚了。老公聽到我想上大學，皺起了眉頭。他認爲沒有必要，而且那個時候我們確實無法負擔學費。婚後六年，我報名了一項市民學苑計畫，可以免費修一些大學學分，沒想到後來發現我懷孕了。我得繼續工作賺奶粉錢，而且我的心臟出了些毛病，沒辦法去上課。

直到兒子十歲時，我決定再試一次，這次我修完了十五個學分。然而，婚姻瀕臨破碎，財務也出現危機。想成爲大學畢業生的夢想，又再次被擱置。

接下來的十年，因爲我的健康問題，學業只能斷斷續續地進行。終於，在我兒子大學畢業兩年後，我拿到了學位。我本來希望能比他早一步拿到的，但這結果已經夠令人滿意了。
我深信，在成年後讀大學，可以讓人真正感激所受到的教育，並且會更加珍惜與專業教師之間的互動。雖然現在已經過了好幾年，一想到我終於辦到了，我還是會忍不住微笑。

你｜也｜可｜以…

尋找化石．研究音樂．重新裝潢家裡．學探戈舞．學會修自己的車．參加辯論社．上薩克斯風課．拿學位．研究世界上所有宗教．學會看指南針．研讀神經科學．研究天文學．完成大學學業

今天就做

57

煮個從來沒煮過的玩意

今天不妨烤個麵包、捲條壽司、或是為12人的宴會準備龍蝦料理，在廚房裡學點新鮮的菜色吧！

58 學做猶太人

莫栩，33歲，以色列

18歲上大學的頭一天，有人問我是不是猶太人。我答道：「不是，但我爸媽是。」血統上來講，我的確是猶太人。我並不厭惡猶太背景，但我就是沒那麼猶太。

五年後，我23歲，首度飛往以色列，準備去唸猶太學院。猶太學院是最具猶太精神的學校；在這裡你得全心全意投入，學習猶太人四千年來的傳統與生活，試著了解猶太文化的一切。

我本來對宗教毫無興趣，尤其是猶太教，如今卻認爲宗教是我生命中最重要的力量。

爲何會有這樣的轉變呢？雖不盡然是，但簡單講，答案就是「安息日之桌」的傳統。顧名思義，安息日之桌是一張在安息日當天，讓朋友、家人圍聚在一塊用餐的桌子，就是這樣簡單的眞理，讓我的人生找到了新方向。十年前某個星期五晚上，我便曾經歷過那樣的感覺。那是個相當平常的週五夜晚，但也正因爲它的尋常，凸顯出那晚的別具意義。

每逢週五晚上，我總不免要問自己：「今天晚上該做什麼？」但那個安息日的週五，我和五位平凡、有趣、機智、聰明的伙伴，坐在一塊享用晚餐。我們只想待在這裡，沒有人想離開，也不想去做其他的事情。事實上，我無意間發現自己正在參加「安息日之桌」。這正是安息日的道理：該問的不是「今天晚上該做什麼」，眞正該問的是：「今天晚上我應該和誰在一起？」

從那晚起，我內心便不再爲了何去何從而焦慮不安。我很清楚知道我要做什麼：到猶太會堂，然後和親友共進安息日晚餐。我不需再爲那些派對或是社交場合心煩，不用再煩惱是不是錯過了「什麼」。從我開始參加安息日餐會的那一刻起，我便不再爲錯過什麼而焦慮了。我生命的焦點有了轉變。安息日重視的是人，而非事情；強調的是哪個人，而不是哪件事。這項轉變帶引著我，至此不渝。

59

學打鼓

提姆，30歲，倫敦

也許是原始的本能吧——或是對那些彩色塑膠皮包覆的大型木製品的迷戀吧，我不曉得——但有一點我可以確認，這個世界上，沒有什麼聲音，比得上在用久了的爵士鼓上敲擊那七個組件。雖然打鼓讓人手腳酸痛、背部和聽力受損；而且其他團員在表演完後都可以飲酒作樂，只有鼓手永遠在後頭默默裝箱；但打鼓的樂趣仍然無與倫比，而且能奏出全團最響亮的聲響，痛快極了。我過去曾經演奏過其他樂器，所以我敢說，沒有其他樂器可以讓許多人脫口而出：「哦，我一直想試試看。」或篤定地說：「你知道的，我想我也可以打得不錯。」好吧，那麼到底是什麼讓你遲疑呢？

大概有很多原因吧。花費、怕製造噪音、花時間、怕太晚起步或以爲學樂器是12歲以下小朋友才會做的事。用不著我告訴你，這些理由根本是胡扯。

一開始一定要務實。花大錢買爵士鼓？大可不必。大家都有朋友，甚至是朋友的朋友。其中有人可能就有鼓。那麼你就設法讓自己被邀請去喝茶，然後塞點錢請他去外面喝一杯，然後趁這個機會摸摸他／她的寶貝樂器（這一招挺有效的，因爲很多鼓手都很窮又愛喝酒）。如果和鼓的第一次接觸使你覺得乏味，那就不用玩下去了；如果你還興趣盎然，不妨找一組套鼓來練習。

你不必花太多時間練習——每天十五分鐘很剛好，而且不會惹惱鄰居——但務必持之以恆。如果你因爲毫無進展而懊惱，那麼就該找個老師了；同時請當初借你鼓的朋友每隔幾週來看你練鼓，請他提供一些建言。你可以用幾瓶啤酒作爲回報（附加的好處是，你會讓鼓手覺得他很重要——或者很有用）。

你邁向打擊樂之路的最後挑戰，就是加入樂團。聽起來很可怕，但相信我——只有跟其他樂手一起切磋，你才能精進鼓技。報上的分類廣告經常有一些樂團在徵求鼓手；勇敢去參加徵選，忘掉什麼難爲情、搬運的麻煩和無情的批評吧。以我多年參加徵選也擔任過評審的經驗，我敢說，你絕對不可能是他們那一天所見到最差勁的鼓手。

如果不打算加入別人的團體，不妨自己組團；如果聽到同事說「我以前彈過吉他」，就拉他們去排練室，只管演奏去吧。不要太擔心演奏出來的聲音。記住，U2合唱團一開始也是在車庫排練的，那時他們並沒有玩出什麼像樣的音樂。唯一比較像樣的是誰呢？就是鼓手賴瑞・穆倫（Larry Mullen）。是巧合嗎？我看不是。

至於年紀太大這件事，我從未聽過這樣的廢話。讓我告訴你：身爲三十歲的熟男，現在正是我最需要打鼓的時候。年紀愈大，生活壓力愈大，沒有什麼比打鼓更能眞正紓解壓力。何況，全世界頂尖的鼓手——巴迪・瑞奇（Buddy Rich）、查理・瓦茲（Charlie Watts）、米克・佛利伍（Mick Fleetwood），甚至約翰・邦罕（John Bonham）——他們才二十出頭的年紀，看起來卻飽經風霜。

最後，我要舉一個最具說服力的例子。在娛樂史上，有誰像金頂電池的那隻打鼓兔子那麼精力充沛、活潑逗趣、引人注目、酷勁十足呢？從來沒有。只要下點功夫，你也可以像牠一樣。人生所追求的不就是如此？

60

學游泳

麥可，26歲，伊利諾州

我一出生就有先天缺陷，多虧愛荷華大學醫院那些妙手仁心的醫師將我的膝蓋骨接好，要不然我可能終身無法行走。現在，只有走路時會被看出來有一點跛腳——正因爲如此，讓我從來不敢下水。

從小到大，每當看著朋友們個個像水中蛟龍，我只有乾瞪眼的分。要是我只剩幾天可活，我一定會跳下去跟他們一起游。

有一回，我差點就學會怎麼游泳了。那是個週末假期，母親剛過世七個月，父親帶全家人到巴哈馬旅遊。母親生前一直想去巴哈馬玩，所以這趟家庭旅遊既富有紀念意義，又不無遺憾。無論如何，這次似乎是克服恐水症的好機會。

一天下午，我們造訪一個無人小島。我躲到兩棵彎彎的椰子樹後頭，換上本來不打算穿的泳褲。我小心翼翼確保沒人看到——至少不要讓家人看到，否則他們會以爲我瘋了，或是想自殺——我走上沙灘，愈走愈遠。

我走進水中，水溫比我想像中溫暖，水淹過我的大腿，然後是肚臍。我繼續前進，直到水淹過我的胸部。後來我的腳在沙子上滑了一下，才突然感到恐懼，不過我深呼吸一口，屈膝把頭埋入水中。

我首先感覺到心跳像鼓聲轟隆作響，彷彿孩提時把耳朵浸到澡盆裡的感覺，不過兩者大不相同，因爲當我睜開雙眼，看到白花花的陽光灑在貝殼、沙子，和五顏六色的鵝卵石上，更深處可以看見許多金屬色澤的小魚，有的像蝴蝶翻飛，有的像芭蕾舞者，在海洋舞台上悠游。我潛得更深去看這些魚，水淹過頭頂，此時我的肺只剩下一口氣，但是卻不再恐懼，心跳也逐漸平緩，感覺好像跟這些海中生物共度了好幾個鐘頭。

我試著越過那些色彩斑斕、有條紋的魚鰭，和那些不時出現的長腳蝦子，想看看更下面有什麼。我知道到了更深更深的地方，沙子會變成岩石，更遠處則是一片無盡的海洋；我也知道如果我能游泳，游得夠遠的話，可能會看到鯨魚像古老的汽船一樣在水上漂流，還有鯊魚和海豚，這都是過去只能在圖片中見到的景象。

我快沒氣了，於是把頭抬起來，水從我的背脊流下，我在陽光下深呼吸一口，好像重生似的。我突然想回到水中，至少像電視上的游泳選手踢踢水或划個手，不過很快打消這個傻念頭。

我往岸上走，回到家人和大批遊客聚集的沙灘。我微微感到一陣涼意，心想這輩子不曉得是否有機會再試這麼一次。

你｜也｜可｜以…

體驗無重力狀態．學習說日語．一週讀完一本書．吹口琴．成為品酒專家．學習風帆衝浪．改善玩撲克牌技巧．學習網頁設計．學擠牛奶．學打字．提升撞球功力．學放風箏．研究希臘哲學

61

教外婆上網

莎朗，51歲，紐約州

我媽頭一次提議要讓外婆學上網的時候，我故作鎮靜，其實心裡嚇壞了。

上回我跟外婆提到網際網路的時候，簡直沒有插嘴的餘地。「網際網路怎麼開始的？怎麼運作？裡面的訊息從哪裡來？駭客是什麼？安不安全呀？誰先發明全球資訊網的？從不同電腦會看到一樣的網頁嗎？你說這對社會有好處嗎？它能幫助人類嗎？你說電腦會取代我們的工作嗎？天哪，我們以前……」

不過，我還真佩服外婆對現代世界所秉持的好奇心與興趣，因此她最近一次來訪，要求要「學習」網際網路的時候，我慨然允諾。我在父母的辦公室裡，試著教她基礎用法，卻忘了她連視窗系統和滑鼠（「哎—喲—」，她說，「怎麼會叫『鼠』呢？」）都沒碰過。她耐性十足地等著電腦運作，看到電腦跑得很快時又驚奇不已。她聽著電腦嗶嗶剝剝的聲音，然後在鍵盤上這裡敲敲、那裡敲敲。

「漢娜，怎麼會這樣？」外婆不斷發問。
「我不知道啊，就是這樣嘛，你可以上網查網際網路是怎麼運作的，用搜尋引擎找。」
「每次妳都到搜尋引擎找嗎？」她問
「呃，要找資料時我都是這樣。」
「耐心點，漢娜，妳有耐心一點。」每當外婆不喜歡我說話的口氣時，她就會這麼叨唸。

我開始爲自己不是個好老師感到慚愧。我深呼吸幾口氣，發誓一定要更有耐心，因爲科技眞的很神奇；對一個生長在古董福特T型車當道時代的人，想必是很複雜的。

外婆用滑鼠不太順手，好像它是很難掌控的怪東西一樣，不過生手都是如此；她換了三副眼鏡才找到看螢幕最清楚的那一副，調椅子的時候，她要人幫忙，開電風扇也要人幫忙（電風扇就只有一個開關，一個而已），然後她看著我說：「好了，漢娜，謝謝，妳可以走了。」她雀躍的眼神一定就像多年前她頭一次帶我去迪士尼樂園時，我當時的眼神。

我讓她自個兒去探索網路世界，心裡有股莫名的成就感──包括她的成就跟我的成就。我很高興是我把外婆帶進神奇的網路世界，因爲我明白，有一天我的孫女也會費力地向我解說最新科技，或是最新的星球；到那個時候，我也會有四百萬個問不完的問題。

命運

你最近學到什麼東西？

說出一項你學會之後，對職業生涯有幫助的技能。

START

起點

說出一種你巴不得立刻學會的東西。

機會

高中畢業以後，哪個科目最實用／沒用？

說出一項你已經會，但希望能精益求精的技能。

要是能對十五歲時候的自己提出一項忠告，你會說什麼？

你會推薦別人看哪一本書？

哪種技藝是你的某個朋友會，而讓你很羨慕的？

機會

你相信「天才」嗎？

說出一種你可以
教別人做的本事。

你希望在有生
之年看到什麼
樣的科學發明？

?機會

說出一項你希
和伴侶一起去
的進修課程。

哪種技能是，你根
本無法想像沒有它
要怎麼生活？

Part 6 學無止境

說出一種你想學
的樂器。

說出一種你希望
自己能說得很流
利的外語。

!命運!

你對哪段歷史
最感好奇？

要是你問的問題
都能得到誠實的
答案，你會想問
什麼？

NEXT
揮灑自我

你的偶像
有哪些偶像？

!命運

PART7
揮灑自我

62

在巨幅畫布上作畫

63 表演脫口秀

大衛，42歲，加州

我在大學時代，才第一次聽說已故脫口秀名嘴連尼・布魯斯（Lenny Bruce）。在我成長的地區，連尼・布魯斯並不存在；大家都一窩蜂崇拜貝拉・布萊恩特（足球教練）、投票給喬治・華萊士（阿拉巴馬州州長）、想辦法不讓「有色人種」就讀自己的學校。

我20歲第一次聽布魯斯先生的脫口秀錄音「獨行俠和東東一起亂搞」，聽完後，天使和惡魔對我歌唱，瞧！繆斯女神對我投射最美妙的白光——沒錯，我開始想像：大衛・亨利・史德力站在台上拿著麥克風，表演精采的脫口秀，讓觀衆捧腹大笑。

然後我想像著備受好評的個人喜劇專輯；想像自己是和馬龍白蘭度對戲的重要小角色：那個年輕、憤怒，卻相當搞笑的越南獸醫；我想像自己得了奧斯卡最佳男配角獎，得獎感言隨即成爲經典：全世界爲我的過人機智喝采，我使社會名流重新思考對飢餓、貧窮、虐待的看法，然後提議可行的解決之道，同時沒忘了感謝所有工作人員，在四分鐘內說完感謝辭。當我走下舞台、揮舞著奧斯卡獎座，全場歡聲雷動。

要使這一切實現，我只需要編寫腳本——也不過是一些笑話——會有多難？結果，花了我三年半的時間，才寫出五分鐘的腳本，但是我辦到了！算好時間，一切都安排妥當。我沒有準備安可的內容，心裡盤算著如果觀眾不停鼓掌，我再作個即興表演。其實我不太知道「即興」是什麼，不過我想等到我完成精采的五分鐘表演後，到時就會明白了。

某個星期一夜晚，在八〇年代舊金山的脫口秀風潮中，我在傍晚六點抵達「神聖動物園」酒吧，報名演出。我很確定我會風靡全場，所以我用了化名：富蘭克林．P．放客。別問爲什麼。我被排在半夜一點二十分，但是工作人員說，我也有可能臨時被擠掉。

晚間十點，狹小的場地滿滿都是人，瀰漫著汗水味。準備表演的人更是吵翻天。在這種氣氛之下，要上台表演似乎很容易，只要和醉漢閒扯淡、說些愚蠢的故事、或是扮扮鬼臉就夠了。這個我做得到，我的節目比大家忍受的那些爛表演好笑多了。

到了半夜一點鐘，情況有點不太妙。現場有十幾個醉漢，還有十幾個憤怒、刻薄、缺乏安全感、競爭心超強、想成名的喜劇演員，還有一個人一直大聲地喃喃自語，說他再也不想忍受外星人探測之類的事。到了一點十五分，我開始覺得這是個很糟糕的點子。我的表演內容糟透了，我會受到嘲笑、刁難後被轟下臺，夾著尾巴落荒而逃。

然後我看見了連尼・布魯斯的鬼魂，一次用一個笑話逐漸改變世界。在我腦海裡，我聽到東東說：「我要印地安人達達，一起來亂搞。」我笑了出來。這時司儀宣布：「我不知道這個人是誰，但是……名字很奇怪，富蘭克林・P・放客。」

差不多有一秒鐘，我完全忘了那是我的藝名，然後我恍然大悟：「該死，他在叫我！」我衝上台直接開始表演，省略了「你們好嗎？」或是「大家好，我是某某某。」我滔滔不絕，介紹一個沒有明說的產品，卻能做任何做不到的事：清潔子宮、消毒睪丸，維持清新潔淨的感覺。那是我生命中最長的五分鐘，我本來完全沒想到會如此漫長。我用陰險駭人、恐懼情慾的後清教徒方式醜化人體，藉以刻薄地控訴邪惡的資本主義默默奴役消費者，使消費大眾掏腰包購買那些用不到的東西。我以為這樣的內容會搏得滿堂彩。

一開始有一些人笑，尤其是某個醉漢，他一笑，其他醉漢也跟著笑，觀眾就是這麼有趣。但是一分鐘過後，大家都不笑了，就連醉漢也是。兩分鐘結束，我能清楚聽到任何聲響，就好像是在聽電影場景的配樂，只不過背景的聲音開太大聲：清喉嚨、不安地移動屁股、杯子碰撞聲、喜劇演員們交頭接耳、低聲地取笑我、有人嚷著外星人又來了、一個醉漢蹣跚地走出去，不耐地關上門、還有我狂跳不止、洩漏心機的心跳。

相對論有了最佳的例子：此時，每一分鐘過得比兩個年頭還漫長。

三分鐘過去，我全身冒汗、發冷，脫口秀界對這種情況有一個形容詞：冷汗直流。

四分鐘過去，我已經忘記講到哪裡，可悲的是我發現其實無所謂，反正現場觀眾不知道我在說什麼。我隨便從某個段落接，繼續往下墜落，就像駕著起火的飛機，無處可逃只好墜毀爆炸。最後，謝天謝地，司儀終於走到舞台旁邊，這表示：「時間到了，小子。」

我停了下來，然後眾人面面相覷：我、醉漢、尖酸惡毒的喜劇演員、還有外星人探測男。一片靜默中，我忍不住說道：「哇！還滿爛的。」

就這麼脫口而出，因爲我正是這麼想，因爲事實就是如此。

每個人都笑了：醉漢、其他喜劇演員、外星人探測男，連愛挖苦人、見怪不怪的司儀也笑了。這一大片笑聲讓我感到安心又興奮，而連尼·布魯斯的鬼魂也對我微笑。

然後我說：「非常感謝大家，你們是很棒的觀眾。」好像我剛才風靡全場，實際上卻是爛透了。我穿過人群時，笑得很開心，愈笑愈大聲，內心覺得爽翻了。眞是奇怪，即使這次演出一團糟，我卻充滿成就感。

處女秀過後三個月，有人僱用我上台表演。六個月後，我以當脫口秀演員維生，掙取微薄的薪水。我的朋友連恩曾經是傑出的喜劇演員，現在卻精神異常。他說即使是傻子都有辦法靠脫口秀維生，只要一整年每晚都上台表演就好了。我就是活生生的例子。

64

刺青

凱文，32歲，舊金山

我向來不是個行動派，我猜我比較像是「宣示」型的人（解讀：我都知道，只是做不到）。但看看我的右臀，還有身上幾個地方，就可以見到我多年來數次造訪刺青工作室的成果，可見我還是有那麼一點行動力。

我第一次考慮刺青是在15歲，我眞的很想拿著假造的身分證衝到市區，找當地的機車惡煞兼刺青師傅替我動刀。不過有兩件事讓我遲遲未能成行：第一，我不知道要刺什麼圖案。第二，光爲刺青而刺青好像不太對。我覺得刺青的目的應該是彰顯生命中的重大事件；也許是改變一生的大事，不然至少是值得紀念的一刻。即使未來記憶力開始衰退，我只要低頭看看刺青，就可以告訴自己：「噢，對了，那個是我離家時刺的。」或是「嘿，那個是我得奧斯卡那晚刺的。」甚至是「對喔，那是我第一次蹲牢房，眞是難忘啊。」

不過我等了好一陣子，始終沒等到恰當的時機，後來終於選定一個具有雙重意義的日子。22歲那年，我大學畢業，搬到舊金山。我覺得有必要好好紀念這一刻：18年來可憎、無用的教育終於結束，而我即將在這個星球上最棒的城市之一展開新生活。

在尋找最合適的圖案時，我腦筋轉到了杭特・湯普森（Hunter S. Thompson）的頭上，那時他是我心目中的導師兼精神領袖。當然了，他那本《獵殺大鯊魚》首頁的圖案，立刻浮現我的腦海——有兩隻姆指的手拿著仙人掌芽。滑稽的圖案，與這位偉大的新聞人相得益彰。

我抵達舊金山後，便開始向其他身上「花樣」較多的朋友打聽，在下赫特區找到了一間簡陋的小工作室，我覺得相當適合。但我犯了一個錯誤：我事先告訴了父親，完全低估了他對刺青的反感。他爲了阻止我，嚇唬我說那會是我有生以來最痛苦的經驗。我雖然沒被嚇退，但他的話卻烙印在我腦海，所以我在出發前特地灌了兩杯調酒，希望能減輕疼痛。再說，那可是一個特別的早晨，我才不想跟平常一樣到星巴克買拿鐵配馬芬。

當我走進工作室，看到刺青師傅的第一個念頭是：他前一晚一定睡得很糟——如果他有睡的話——至少當天早上他顯然精神不佳。理論上來說，光頭搭配背心，很難看來衣冠不整，但他居然做到了。我遲疑了一下，但只有一下下。他可是專家，對吧？所以我把設計圖交給他，他便開始在我的右臂動工。

選擇刺青部位並不難；我希望可以展示給親密的人看，但又不想讓其他人看到。所以我挑了腰線下方的部位，就在我高中時玩街頭曲棍球留下的大傷疤正下方。

也許別人會有不同看法，不過對我來說，刺青遠勝過看牙醫。大概花了一個鐘頭完工，而且針刺其實沒那麼痛。我很高興那傢伙能及時完成，沒有半途昏死。他刺得漂亮極了，跟我想像的一模一樣。

我沒改造身上其他地方（塑身、留長髮，或其他短暫的荒唐不算），但我選擇了刺青。當時我也不知道，一旦每天都會看到它，會是什麼感覺。不過到現在將近十年了，我覺得自己做了正確的選擇。

65

畫張自畫像

不管你覺得自己畫得好不好，現在就試試。像以前用手指隨意畫畫的時候一樣，管它構圖什麼的，直接在紙上來張自畫像吧！

66

把自己寫的劇本搬上舞台

凱特，29歲，倫敦

幾年前，我跟我的朋友蘇珊娜想編寫一部劇本，再把它搬上舞台。一開始我們覺得，應該會很輕鬆、有趣、沒啥壓力——想想看，不過就是戲嘛，主要的笑點還不就是男扮女裝，刻意讓小偷被打上綠色聚光燈、演員在一股特效煙霧裡出場……這種事情，哪來的壓力？再簡單不過了。

對於我們一開始決定做的東西，如果要用一個字描述，就是「秀」。這個字給人一種身處百老匯音樂劇氛圍的快慰，也讓我有種自我滿足的專業感。可是到最後，實際上寫出來的東西是部「默劇」。基本上就是一個怪怪的童話故事，再加上不好笑的笑話、穿插很多歌曲。想像中觀眾還得熱烈地參與；對英雄大聲叫好、對壞蛋噓聲四起。

換句話說，其實還滿蠢的。

擬出計畫後的幾個月，是我一生中最提心吊膽的日子。首先，得用選定的「灰姑娘」

故事寫出完整的劇本。過去我從來沒寫過劇本，所以搞砸了好幾次，才眞的寫出點能用的東西。而且因爲經驗不足，我根本分不出哪些是好點子、哪些是壞主意，老是被一些瑣碎的對話或是情節卡住，捨不得把它們刪掉。

第二，我們得找到一班演員。這可不是件簡單的事，因爲一、半毛酬勞也沒有，二、這個寫劇本的沒啥來頭，三、每個人都有正職工作，誰有空來演什麼舞台劇？幸好，有很多朋友都願意爲了公益（也爲了幫我解圍）在台上搞笑，而更千幸萬幸的是，不少人還眞演得不賴！這下至少演員素質不會太糟。（即使劇本爛得可以……）

第三，我們得找場地、練習室、製作人、燈光、音效、舞台設計、服裝設計、節目設計……清單列都列不完。而且，每一項都要錢！

最後，我們當然還得親自導演這齣戲，而且讓每個演員在演出的時候保持清醒（這件事做得還滿失敗的）。

在許多人共同努力下，戲終於順利上演。我跟蘇珊娜都軋上一角。臨上台前，我抖得像一片寒風中的孤葉，擔心得要命（腎上腺素跟著狂飆）。可是一聽到觀衆迸出笑聲（就在第一個笑點上！），那種感覺是什麼也比不上的。決定要寫一齣戲是一回事，而眞的去做，又是另一回事。看到觀衆眞心喜歡這齣戲——在所有的笑點大笑、隨著歌曲打拍子、最後安可喊不停——這不是我以前做過的任何事得以比擬的。除此之外，我們還募到了超過一萬美金的公益捐款，眞是不賴。

至於這件事爲我的人生帶來什麼不同？它的確爲我開啓了另一段生命。製作第二部戲的時候，我下定決心不再當律師，辭掉了高薪工作，花了六個月寫書——到現在還找不到出版社。可是，光是寫出一本書這件事就已經令我深感自豪，而且我相信總有一天會出書的。至於我寫的音樂劇，則是一部比一部好，現在已經有人請我幫他編劇，說他看過我的劇作，而且相當喜歡。總算有人找我編劇了！

不管我是不是會持續寫作、把它當作一生的志業，還是得回頭去作無聊然而穩定的律師工作，我都知道，有人曾經看過我編的劇，因爲我寫的笑話而笑出來（有些人還笑得很大聲！），而且還是付了錢來享受這種樂趣的。有些人甚至還願意回來再看個幾遍。

當初搬演那第一齣默劇，需要膽量和一股強大的傻勁，可是我從沒預料到那會令我的人生峰迴路轉。現在，就算給我整個世界，我也不想失去這次經驗。

67 加入樂團

珍妮佛，29歲，加州

少女時代的我，一直幻想自己是史蒂薇．妮克斯（Stevie Nicks）。不是說一定要像她，而是很欣賞她的表演。她演唱會的影帶我看過一遍又一遍，也讀過她的專訪、觀看她排練的片段。我得出一項心得：史蒂薇能完全掌控她的觀衆。她是我心中的典範，我希望像她一樣。

但問題來了：小學時代，我是學過一陣子鋼琴，但除此之外，我實在不知道自己有沒有音樂才能。七年級時，我加入合唱團，卻擔心歌聲令人不敢恭維，所以不敢開口唱歌。其他人都高聲引吭，我卻只動嘴唇而不出聲。和朋友坐在車內，我也不敢跟著音樂一起哼哼唱唱。我最多只敢對我們家的狗兒唱歌，把牠當天晚餐的菜色唱給牠聽，壓根兒不敢讓人聽到我眞正的歌聲。

朋友們說：「去參加試唱會！妳不去的話，永遠都不知道自己的實力如何。」

我總會回說：「喔！我不知道啦！」或是「我沒有機會的啦！」要實現歌手夢並不容易，不如將夢想藏在心中，所以我一次都沒參加過。

就這樣，我一直將夢想隱藏心中。即使婚後在郊區過著安穩的家庭生活，心中對於樂團和女歌手，仍然相當著迷。每當我在廚房洗碗時，總會望著後院，幻想自己手裡拿著鈴鼓，在舞台上熱舞。

終於，機會上門來了。

外子任職於法律事務所，他公司裡有位律師組了樂團。有一次正逢獨立紀念日，我們去看他們樂團表演。儘管那天天氣酷熱，樂團仍在室外演出。女主唱唱的是齊柏林合唱團的歌曲，宏亮高亢。台下的聽眾個個專注聆聽。雖然表演場地不大，只能算是個派對吧，但由於人來得不少，感覺像是場小型演唱會。

我告訴外子：「我也辦得到。」他半信半疑。差不多一年之後，我真的開口唱了——在我的腦海中。我想像自己加入樂團，事實上卻從未真正採取行動。後來我決定先從合音歌手開始，因此我針對所有喜歡歌曲的合音部分，從頭開始練起。在車上唱，洗澡時也唱。即使走在路上有車子從身旁經過，我照唱不誤，完全不怕對方把我當成瘋子。心中那個怯懦的我已經慢慢消失了。

有一次，外子跟同事提到我有興趣唱合音，那位同事大表歡迎：「可以請你太太下次來參加我們團練，看看能不能加入我們樂團。」

外子在電話中告訴我這個消息，我緊張得開始冒汗，心臟都快跳出來了：「我不知道行不行，因爲最近喉嚨不是很舒服。」我的喉嚨那陣子的確不舒服。

外子說：「這樣啊！那妳可以下次再去。他們固定在星期一晚上練團，大家只是好玩，很隨性的。」

我說：「再看看吧！」

那一整個星期，我完全無法思考其他事情，不斷幻想自己站在舞台上的模樣。萬一我很遜怎麼辦？萬一上了台卻張不了口怎麼辦？萬一張了口卻五音不全怎麼辦？萬一大家都笑我怎麼辦？自以爲是歌手，其實只是一廂情願；常幻想自己登上舞台一展歌喉，事實上卻沒有那份能耐。

下一個星期一到了。我沒生病，喉嚨也不痛，這樣一來沒有藉口不去了。那天白天的工作完全無法專心，因爲我不斷想到練唱時的畫面：徹底失敗。前往團練的路上遇到塞車，頭還撞上方向盤。我心想：「也許這是個徵兆，叫我別去練。」

最後我終於到了練唱的車庫，停好車，大家都圍坐著喝啤酒吃披薩。我認出主唱，他把我介紹給其他團員認識。團練一開始，他們唱起〈小酒館藍調〉。

我心想：「噢！不會吧？就是這首！」

我跟著合聲，張大嘴巴一起唱，讓歌聲傾洩而出。意外的是，竟然沒有人取笑我。事實上，貝斯手和主唱還點頭讚許。我裝出一副老練的樣子，抓著麥克風底部，嘴唇貼近麥克風。吉他手圍在我身邊彈奏，鼓聲不斷地敲打，砰砰作響。我心想：「我辦到了！」情況似乎還不錯，也沒有格格不入的感覺，就像是在刷牙、開車一樣。這首歌唱完，主唱說：「很好，我們再來一首。」

練唱在九點結束，主唱問我：「你下禮拜會來吧？」

我問他：「你是說我唱得不壞嗎？」還故意裝作滿不在乎的樣子。

「唱得很好啊！」

「我保證下次會更好。」

「這就是我們爲什麼要練習的原因，一次要比一次好。我們喜歡練唱，而且樂在其中，這才是最重要的。」

雖然我表面上看起來相當鎮定，不過在心裡面，那個微不足道的我，那個總認爲自己很遜的我，開始雀躍不已、不停歡呼。我回說：「那好，我們就下星期見囉！」

語調還故作冷靜。

我走向車子，主唱在我背後喊道：「練習把音量放大！」

「我會的！」

坐進車內，發動引擎，打開收音機，轉大音量，一路上我就這麼和著音樂哼著歌回家。我流了一身汗，卻覺得肩膀上的重擔不見了。我加入樂團了！我是合音歌手，我真的是現場演唱樂團的合音歌手了！

幾個月後，又逢獨立紀念日，我和樂團一起登台演唱，這是我的處女秀。也許觀衆中有人正看著我，心想：「如果這個女孩辦得到，我一定也可以！」

今天就做

68

公開演講

不管是站在肥皂箱上演說，或是在晚餐桌上致詞，今天就站起來抒發己見吧。

69 成立一個地下藝術工作坊

艾瑞克，34歲，俄亥俄州

在髮廊地下室裡，不時聽到水管發出類似放屁的聲音，或是聞到樓上飄來染髮劑的刺鼻味，我覺得有必要提供一個更好的舞台，容納我們這群愛作秀的人。

經過一整年不間斷地表演傳統木偶劇〈潘趣與茱迪〉，並且在酒吧後廂和髮廊地下室演出社會諷刺劇，我和搭檔們終於厭倦了名副其實的「地下」演出。

所以，我們計畫要組一個表演工作坊。對於九〇年代同性戀時期最可能發生的另類與實驗精神的叛逆文化，這可說是試金石。現代人理當忙於賺錢才對，但我認識很多人卻忙著搞藝術，苦於沒有舞台可以表演。包括我們自己在內。

表演了兩年，在一連串顛覆（如果不是克服）主流意識的表演之後，我們開始有種「準合法」的感覺。此時我們找到了完美的劇場。不過，那根本不是劇場，而是一間老舊的修車廠，室內到處是油漬；那廁所連最勇敢的洞穴探險家也不敢進去；「機油室」門牌高掛在辦公室門口。

但是第一次來到這裡，我就愛上了這個地方。

就算沒有金主，也沒有什麼營運計畫，只有「做你所愛，幫助同行」的信念。不可以嗎？

就算這不是紐約或芝加哥，而是俄亥俄州的哥倫布市——全美國排名第16的城市——各項運動風靡全城，其他沒人在乎。不可以嗎？

那又怎樣？我們所認識的藝術家，需要一個稱得上是家的地方，而且這個城市也需要一個地方可以聆聽不同的聲音……

那又怎樣。我們沒有退路。不成長就會衰退。從懸崖跳下來，希望有什麼東西（或人）在底下接住你——即使那裡只有鼻青臉腫的自尊心而已。

經過四個月，感覺上用掉四百加侖的油漆進行粉刷之後，房租和修繕費用吃掉了我的信用卡。我們的場地終於在五月中旬開張，辦了一場萬聖節派對。接下來的兩年則是瘋狂的寫作、表演、售票、募款以及開源節流。（我們常常戲稱這個劇院是「銳舞之家」，因為當初如果沒有一大票通宵的「私人電子派對」鼎力相助的話，我們也許無法熬過第一階段。）

總之，那是我生命中最熱情洋溢的時光。我們邀請了日本的前衛爵士樂團、紐約市的好色馬戲團、圖瓦共和國的喉音歌手，還有一些連我們都覺得有點詭異的表演藝術團體。同時我們持續創作，承諾繼續提供價格合理的本地劇場、表演和視覺藝術展演空間。

慢慢地，我們的劇場愈來愈受歡迎。就好像所有對現狀不滿以及邊緣化的團體，正擠在市集、爵士樂團和運動酒吧裡，等待著他們自己的園地。這是一個說不上富麗堂皇，一個他們可以稱得上家的地方，因爲在這裡他們才是主流。

所以他們都來了，直到今天都是如此。社區裡大部分的人都以爲我們老早就撐不下去，但我們維持了好多年。雖然我們從來不改變原來的做法，可是這些日子以來，更多的傳統保守聽衆光臨了我們的「市區新奇空間」——報紙在頭幾年經常這麼稱呼。我猜，每個人的生活都需要一點新奇的東西吧。

我不知道自己以後是否會生小孩，但我知道自己生出一個了不起的概念，那就是提供給所有同道一個表演的好場地。我們的組織已經促進了好幾百個小型藝術活動——不一定是賺大錢的那一種，而是提供成就感及自我實現的那一種。我們鼓勵了這個地區的文化與政治進行對話。最重要的是，爲了理念及富有理念的人，爲了有一天可能成爲主流的前衛人士，以及爲了需要一點冒險來震撼靈魂的主流人士，我們建立了一個據點。

今天就做

70

爲自己的衣服加工

不喜歡購物中心的制式成衣嗎？打造自己專屬的個性衣著吧。

你不需要縫紉機——馬克筆就行了。你可以在T恤上繪圖、剪短牛仔褲、在襪子上染色……
變化無窮無盡。

71 我出書了！

凱蘿，53歲，華盛頓特區

「我是個作家。」我從來沒寫過這句話，不過我親口說過：我在壁紙工人羅爾夫身上試過了。去年他在我的浴室貼壁紙時，我正在電腦前工作，然後他停下來喝水，問我：「喔，妳是個作家啊？」

當時我腦中湧現無數個念頭：「他只是貼壁紙的。」「他不會知道的。」「他不認識我任何一個朋友。」「我只是說出心裡的願望，沒什麼大不了的。」於是我說：「對。」然後屏住呼吸。

接著他問道：「妳是寫什麼的？」

那種感覺就像在說某種異國語言一樣——對方回了某些話，而你只想要趕緊逃跑，假裝去喝水什麼的。不過我已經騎虎難下了，所以我說：「噢，就是寫寫隨筆散文。」然後我假裝很忙。

幾天後我去看新車。售貨員不經意問道：「妳是做什麼的？」我有膽再試一次嗎？反正上次也沒怎樣，於是我食髓知味。

這次輕鬆許多，我脫口而出：「我是個作家。」加上一個特大號的微笑。他接著問：「這樣啊，那妳出過書嗎？」這個問題對我來說非常魯莽，而且我完全沒預料到他會這樣問，因為我想：既然是個作家，一定有出書啊。如果作品根本沒出版，誰敢宣稱自己是作家。

我可沒打算如此扭曲事實，假裝是個成功自信的作家。我不敢說我有出書，因為我知道接下來的問題是什麼。我也不願為了閃避問題而匆匆選一台新車開回家，於是我說：「我丈夫說我是個準作家。」

「噢，那是什麼意思？」

「意思就是我還沒出書。」我告訴他我還有個很重要的約會，然後馬上離開——並沒有買車。

於是我明白了，單單宣稱「我是個作家」沒辦法得逞，就算是買車時也不行。要說出我的職業，我得回答：「你的書是哪家出版社的？」

我慢慢覺醒，開始投稿報章雜誌，我還想找個經紀人。

當我了解作家的工作究竟是怎麼回事以後，我開始感覺自己像個眞正的作家。眞正的作家就是「『再創作』家」。（馬克吐溫說過正確跟錯誤的修辭，差別就如同「鳥」跟「鳥瞰」。）我之所以自覺像個作家，是因爲我開始千方百計做其他的事情，只要不是寫作就好——我出遠門、清理衣櫥、整理相本、蹓狗蹓到牠腳快斷了、重新裝潢家裡。我在家裡若非必要絕不進書房，深怕靠近桌上的書稿。

我終於明白爲什麼作家都愛喝酒抽菸——因爲那不是寫作。我也明白爲什麼作家總是自言自語——因爲只要抽菸、喝酒、跟自己說說話，你就可以一直保持忙碌狀態。

但最後手指還是得回到鍵盤上，於是你重寫、重寫、不斷重寫，等到終於有某個大人物說：「還可以。」喜劇演員莉莉・湯姆林（Lily Tomlin）曾說過：「我眞想『當』個大人物，不過我現在了解我的目標得更明確點。」我的目標一直很明確，那就是我想當個作家——出書作家。現在呢，如果你正在讀這篇文章的話，我想我已經「做到」囉。

72

灌錄唱片

麥可，32歲，倫敦

我九歲時成立第一個樂團，初次在社區演唱卻出師不利。門票售罄的美夢幻滅，我們這群強力「黑夜蜘蛛」還得懇求幾個當保姆的人帶著他們照顧的小孩、幾隻流浪狗，還有一些很有耐性的家長來看表演。全世界都跟著搖滾！——老實說，並沒有人在搖滾。

但我並沒有因此而氣餒，一直到青少年時期，都常常在筆記本的空白處或餐巾紙上塗寫歌曲。我希望有朝一日能像我的樂壇偶像一樣，做出點有價值的東西，讓人聽了印象深刻。然而隨著時光流逝，我不再寫歌，反而越來越會找不寫歌的藉口。

多年以後，與祖父共度一下午，卻改變了我的心意。那時祖父行將就木，在我們最後一次見面的時候，他提到很多令他遺憾的事，特別是一些已經開始，卻半途而廢的事。不難想像將來我到了他這個時候，很可能心中也會充滿遺憾。

於是我列出一些在我老朽之前必須去做的事，其中有幾項特別醒目，而「錄製唱片」

便是其一。光把它寫下來就已讓我心跳加速，我以爲那是陳年的夢想……但現在有了祖父給我的新觀點加持，藉口不再成立，我至少得進一步摸索看看，事實上，這也幫我釐清自己的目標：不是爲了做銷售百萬張的唱片，我只是想聽聽歌，聽聽低音伴奏以及和聲，還有在我腦海中的吉他主旋律。理性就先靠邊站吧，我就是想。但該從哪裡著手，卻使我一籌莫展。

我花了好幾天費心寫廣告，招募其他音樂人，然後又花好多天四處發傳單，幾個星期過去——沒有半點回應，完全沒有。心中的疑慮再度浮現，在我打算放棄的時候，在書裡看過的一句話又激起了我的鬥志。書中有個主人翁的座右銘是：「天要落雨又怎樣？管他的！」她會這麼說是因爲她已經學會「不去煩惱那些無關緊要的事」，於是我繼續尋找適當人選。

幾個月之後，某天晚上我到鎮上一家小夜店去聽新的樂團演唱。我聽了三個樂團表演，其中一個表現特別好。他們唱完後，我在吧台碰到吉他手葛列格，便向他恭賀。我們邊喝啤酒邊聊音樂，還交換e-mail，約好改天一起彈吉他。幾星期之後，我們帶著吉他碰面，他想聽聽我作的一些曲子。一開始我很緊張，彈得一團糟，但一想起這次聚會的理由，「管他的」，我就放輕鬆了。

從那時開始，氣勢上來了。葛列格喜歡我的音樂，更重要的是，他覺得錄下來會很不錯。他才剛在家裡為自己的樂團規畫了一個錄音室，他說有空的時候可以幫我錄一些曲子。一開始我們只打算錄五首歌，但跟他們一起待了兩天後，我們把十三首歌的基本聲軌都燒錄好了。

接下來幾個月，只要週末或者兩人找到空檔，我們就加進更多樂器，歌曲也開始成型，那些日子工作時間很長而且相當緊湊，只有短暫的休息時間喝杯咖啡。置身錄音室，而且正在錄歌，大部分時候我都不敢相信自己如此幸運。在錄音室裡，那個九歲、充滿新奇點子的我又回來了。如果我們能捕捉置身錄音室的感覺——從無到有的狂喜，那麼我們就知道自己能做出有價值的東西。在整整十二天的錄音作業之後，我只花了一千塊美金，便完成了一張專輯。

想專輯名稱並不難。為了忠於當初錄製的精神，這專輯就取名為「自娛」。

當最後的混音完成時，我坐下來閉上眼睛，頭一次聽完整張專輯。在我腦海中擱置多年的十三首曲子，以立體聲流瀉而出，在錄音室迴盪。一股釋然的感覺油然而生。儘管我的身、心，還有存款帳戶可能都已支離破碎，但這項成就是別人拿不走的。我明白，不管我再活個五年或五十年，「錄製一張唱片」對我來說，都是永誌難忘的經驗。

而我的祖父呢，在我們最後一次見面之後，他還撐了好一陣，所以我們有時會通電話（他住在別的國家）。後來，他真的要走了，所幸在離開前，他聽到了我的歌——我給他寄了帶子。最後一次打電話給祖父的時候，我特地告訴他，幾個月前和他共度的那個下午對我的意義多麼重大，而他也頭一次跟我說，他以我爲榮，臨別前還跟我說：「我不知道你唱得這麼好！」

你｜也｜可｜以…

為童書畫插畫．創辦雜誌．寫劇本．辦攝影展．參加舞台劇試鏡．編寫電影配樂．演講．拍電影．畫一幅祭壇掛畫．打贏辯論賽．寫信給編輯．畫四格漫畫．赤身裸體一整天．製作雕像．籌辦慶典

命運	若是你能夠擁有世上任一幅畫，你會選哪一幅？	說出一種即使無法帶來名利，你也想追求的創作夢想。	START 起點

說出一件你可能跟朋友看法迥異的事。

哪件事是你很想做，而且做了會讓你出人頭地？

在你所見所聞當中，有什麼鼓舞你去完成某種自己的東西？

你會怯場嗎？

機會

	機會	說出某一件你曾經失敗，但想再試試看的事。	說出哪一種創意活動，是如果不去嘗試，你臨終時一定會後悔的。

如果你得發表演說，你會選什麼主題？

你所面臨過的創意挑戰當中，哪一項是最艱難的？

?機會

就你最近所見聞，哪件事讓覺得「我可以得比他好」？

說出一種你想嘗試、但恐怕會讓親友跌破眼鏡的創意之舉。

Part 7

揮灑自我

你認識的人當中，有沒有人能幫你完成某項藝術美夢？

命運

有沒有什麼祕密是你希望有朝一日能和某人分享的？

哪個朋友是你深信會給你建言的人？

NEXT 眞愛萬歲

現代藝術作品中，哪一項是你覺得會歷久不衰的？

你有哪方面的長才，是你最希望能因它獲得掌聲的？

!命運

PART8
眞愛萬歲

73

求婚

74 搭訕

凱倫，40歲，舊金山

暑期打工的第一個星期五，我就注意到他了。我去銀行將工讀的大學所支付的74元支票兌現，他站在二號窗口後面，深藍色獵裝突顯壯碩的體格。微捲的茂密金髮，鍍金的名牌寫著「布勞爾先生」。

我站在隊伍中，前面站著一群穿西裝的上班族，和工作褲沾到油漆的工人。「下一位。」他喊道，露出潔白無瑕的牙齒。我往前走去，一邊盯著地上的棕色磁磚。

我把支票遞過去，仔細檢視筆鍊精密的設計。

「可以看一下證件嗎？」他的語調低沉富有磁性，就像歌手巴瑞．懷特（Barry White）一樣。

我在皮包裡尋找皮夾，手心微微冒汗。他在支票背後寫下一些數字，打開裝現金的抽屜，然後把錢交給我。

「祝妳有愉快的一天。」還沒等他說完，我已經往門口衝出去。

我開始期待星期五的到來，等不及要去銀行。他這個星期會穿什麼？他拿錢給我時會碰到我的手嗎？每當他喊我的名字或是向我問好，都讓我開心得不得了。如果我被安排到其他服務人員的窗口，總是若有所失。

每一回我都鼓勵自己勇敢一些。有天下午我向他問候：「你好嗎？」這句話我已經在鏡子前面練習了一個鐘頭。經過兩個月的期盼，我試探地問他：「週末有什麼計畫呢？」

我開始找同事陪我去銀行，當我跟布勞爾說話時，同事便在一旁解讀他的肢體語言。我說服個性外向的朋友在那個分行開戶，順便打聽他的資料。他單身嗎？他喜歡我嗎？每到星期五下午，大家會圍繞在我桌邊，試圖拼湊各種小道消息。就我們所知，他週末都和哥兒們一起度過、年紀20出頭、比起其他顧客，他更常對我笑。但是他並沒有任何行動。

到了八月中，我再也忍不住了。暑期打工快結束了，我整天胡思亂想。我已經計畫好我們的婚禮，還想了小孩的名字，但是我連布勞爾先生的名字都還不知道。我一定要想辦法約他出去。

我走進銀行，手上拿著提款單。單子皺皺的，因爲兩個星期前就寫好了，但一直沒有勇氣拿出來。我今天一定要親手交給他。

近午時分，他在櫃檯最內側的窗口工作。他把棕色皮包還給一個顧客，看起來比平常疲憊一些。我深深吸一口氣，趁別人還沒插隊，趕快走到他面前。

我一句話也沒說，直接把提款單交給他。我的雙腿開始發抖，臉頰發熱，但是我站在原地，看著他讀完每一個字。

日期：八月十四日
提領：布勞爾先生
金額：一次約會
付款人：凱倫・麥爾斯（我）
帳號：215-555-0107（我的電話號碼）

他緊皺的眉頭緩緩舒展開來，然後笑了出來。「哇！」他輕聲喊道。然後他抬起頭看我，對我微笑。

我也對他微笑，兩人對看了一下。然後我大步走出前門。

當天晚上他打電話來了。他叫做約翰。

75 墜入愛河

克里斯，34歲，巴黎

她叫做卡塔翠娜，是波蘭人。非常優雅，但也夠活潑，足以在騷莎舞蹈俱樂部迷倒眾生。她是知識分子，也勇於冒險，要是我一一列舉她的才華，她一定會不高興。她渾身散發著光采，配上柔美的洋裝和充滿異國風情的領巾，在海風吹拂下美得令人不敢逼視。除了我之外，我知道至少還有三個男人想娶她。

但我才是那個幸運兒，因爲我懂得堅持。我們第一次約會時我迷路了，足足跑過克拉考舊城的大半條街道，才終於趕到她面前、氣喘吁吁地向她道歉。冷冷的十一月天，她靜靜坐在公園的長椅上，對我說她從未等人超過二十分鐘，而她已經等了我三十多分鐘了。後來我想辦法扳回一城，在美術館努力發揮幽默感，然後請她喝咖啡，她也妙語回應。當時我們都還年輕。第三次約會時，我試著吻她，她卻別過頭去。

接下來的兩個月她對我若即若離，於是我邀她到家裡吃晚餐。她帶了一些唱片來。我炒了幾道還算可以的菜，然後燭光亮起、美酒入杯，她播放她帶來的挪威愛斯基摩唱片，她說是朋友送的。

音樂流洩而出，是一男一女在吟唱，完全沒有樂器伴奏。其實他們不是在吟唱，而是對著彼此喘氣，一來一往，交疊成一陣陣吟喔悸動，直到最後的爆發、嘆息，然後輕笑。歌手還沒吐出陣陣呻吟前，卡塔翠娜早已滿面通紅，而我則是一臉掩不住的笑。

將近十年了，我的笑意仍然掩藏不住。我知道自己有多幸運。

今天就做

76

和愛侶來段狂想曲

- 在特殊地點做特殊的事
- 玩稀奇古怪的角色扮演遊戲
- 來個三人行
- 用蜂蜜塗滿愛人的身軀

77 在夢想之地度蜜月

凱特琳，31歲，紐約

我遲遲未造訪加拉巴哥群島，不是因爲島上有大蜥蜴，而是因爲沒有碰到對的人。大學一場戀愛談了幾年，和男友計畫要在畢業後好好來趟探險之旅。那時在旅遊指南上看到加拉巴哥群島的介紹，令我嚮往不已。

加拉巴哥群島是地球最偏遠的地方，在地圖上就像一撮小小的點，浮在太平洋中間。達爾文去了加拉巴哥群島才導出進化論。在那之前，據說島上有惡靈。各種稀奇古怪的動物在島上據地爲王；有巨大的爬蟲類，還有不會飛的陸鳥，人類在島上根本沒有立足之地。這種情況帶來了一項奇觀：探險者到達的時候，動物一點都不怕。眞的，就算人類靠近，動物也不太搭理。甚至到了今天，當遊客在島上橫行，巨大的陸龜和海象也只會斜睨一眼罷了。

那趟旅程並未成行。我們倆後來分手了，我便打消了旅遊的念頭。但加拉巴哥群島還是留在我心裡。

幾年後，我認識了艾瑞克，也訂了婚，兩人開始計畫夢想中的蜜月旅行。在討論到該請誰來參加婚禮、宴會要找哪家廠商來辦之前，我們還都想著像是加拿大的洛磯山脈啦，或是義大利的阿爾卑斯山之類的地方。然後，艾瑞克提議去加拉巴哥群島。

那時我知道，白馬王子就在眼前。

在三桅帆船上，我們享受著加拉巴哥八日遊，探索著與印象中完全不同的自然世界。眼前的景色，比旅遊手冊的描述還要奇特。群島就像一張張黑白相片，熔岩形成的山峰由海面直竄而出，似乎自然之神不小心犯了錯誤。船過海峽，映入眼簾的峭壁上，因爲沾染鳥糞而出現不同的紋理，接著，眼前的景色轉換成一片灌木叢生的陸地。

在加拉巴哥群島上，生物的奇特程度比起地景毫不遜色。沿海地區有綠鬣蜥在海裡游泳，剛捕完魚的鳥類甩乾無法飛行的翅膀。向內陸走去，巨大的陸龜就像小牛一樣大，溫和地嚼著樹葉，彷彿乖巧的家庭寵物。看看灌木叢裡，躲著軍艦鳥，正把喉囊鼓得像紅色氣球。附近還有一些小型的鳥類，像是黃鶯和地雀，跳來跳去啄起我們一點也沒注意到的種子。在加拉巴哥群島上，人類只是過客。

蜜月假期的最後一個早晨，迎接我的是由舷窗照入的一道陽光，窗外是群島最遠、最小的那一端：達芬妮島。廣闊的海面上，只見這塊岩石孤懸，黑色的熔岩映著粉紅色的天空。我拉起艾瑞克的臂膀環抱著我，一起看著天空逐漸轉成金黃，然後是一片溫柔的天藍。

你｜也｜可｜以…

舉行異國婚禮・刊登徵婚啓事・拜訪對方父母・在鬧區瘋上一夜・洗鴛鴦浴・改寫結婚誓詞・加入「空中高潮俱樂部」・選一首愛的主題曲・送一打玫瑰花・送另一半上班・闖進雜交派對

78

出櫃

戴安娜，60歲，華盛頓特區

和瑪歌相遇是人生的意外。一見到她，一種一生從未有過的欣喜油然而生。我記得一開始我試圖壓抑心中的激奮之情，因爲我知道自己可能會爲此付出相當大的代價。

五十五歲時，我結婚滿三十二年。前夫和我將家庭生活共同經營得很好，我們擁有一幢漂亮的房子，兩個孩子已長大成人。愛上瑪歌簡直讓我的世界秩序大亂，同時這意謂著我得有所犧牲，從此進入一個陌生的世界。正當我以爲往後將度過安穩的退休生活時，心裡有個聲音告訴我，不能讓這段感情就此擦身而過。

這些年來，我確實曾對幾名女性心動，但僅此而已。我的感情生活自己看來還算順遂。過去，我很容易跟人打成一片；現在想想，或許我騙了自己，把眞正的我隱藏起來。我的天啊！從來沒有過這樣的感覺——我想，我是個女同性戀。難怪以前總是不清楚該如何計畫將來，原來我沒有活出自己，而是一直在扮演他人的角色。

我向前夫坦承這一切。這是我一生中最難作的抉擇，卻也是最讓我徹底解放的一次。我喜歡破繭而出的我。對我而言，每天都有新的啓發。我感覺到自己正前往必然要去的地方，心裡感到全然釋懷。我越來越懂得尊重自己內心眞正的需求，並且決心要和瑪歌共度人生最後的時光。

五年了，和瑪歌一起生活五年了。我仍然住在同一個城市，但已搬出原來的家，和瑪歌同住在一棟小公寓。我深愛我的子女，而他們也以體貼包容來回報我對他們的愛，這是我本來不敢奢求的。我們幾乎每天通電話，而且比起過去，他們似乎更喜歡現在的我。現在的這個媽媽，有了歡笑，得到支持，最重要的是，沒有憤怒，也沒有遺憾。

然而，有時想起往日的點點滴滴，仍舊隱隱作痛。許多對夫妻曾經是和我往來頻繁的好友，卻因爲此事而斷了聯絡；有些朋友也不再邀約。不過，我和大部分親友的情感卻因而更加緊密。另外，一些失聯的朋友也重新取得聯繫，還交到了一群値得珍惜的新朋友。

最近，有個朋友私下告訴我，說她的情形幾乎和我一模一樣，但到頭來卻因爲沒有勇氣，不敢改變現狀。還有人說我帶給同年齡的中老年人啓發：眞愛也可能在晚年來敲門。

最後要說的是，我的目標向來很簡單：我只想誠實待人；不只對我的伴侶，對我自己更是如此。雖然這意謂著會失去漂亮的房子、舒適的生活及某些朋友的邀約，但我並不後悔。過去我認爲重要的東西，相對之下，顯得不那麼重要了。不久前，朋友寄給我奧登（W. H. Auden）的詩作〈先行而後思〉，這正是我的最佳寫照。我深知時光飛逝，所以不顧後果、先做了再說。有趣的是，我覺得現在的我，比以前更像個女人了。

你｜也｜可｜以…

小倆口趁週末遠走高飛・常寫信給朋友・親手縫製結婚禮服・教兒子刮鬍子・打電話給爸媽・搬到家人附近住・欣賞孩子在學校音樂會演出・記住爸媽的生日・到杜拜二度蜜月・一見鍾情

今天
就做

79

辦個驚喜派對

不管是好朋友的生日、升遷，或特別的節日，精心籌備一個溫馨又難忘的慶祝派對吧！

80 期待小生命

克里斯多福，32歲，加州柏克萊

好幾年來，我和妻子一直在討論生小孩的事。就某一方面來說，你可以說我們的第一胎，絕非單純的精子遇上卵子而已。實際上，從我們交往開始，就開始討論這件事了。我們不只是聊生小孩，還經常討論那個想像中的小孩。我們談宗教、學校和如何教小孩規矩，甚至想好小孩的名字——一男一女。光是這些，就在我們八年的婚姻當中，占據了七年的時間呢！

最後我們豁出去了，放手一搏。再不做的話，可能會一直空談下去。我們買了溫度計和驗孕劑以檢查排卵。我們在每天的不同時段以及每月的不同時期，在每個最佳受孕時機都努力做人。唉，幾個月就這樣過去了。雖然我們認識的人，大概也都要試上一年以上才會成功懷孕，但我們總以為自己可以畢其功於一役。

看來，你在青少年時期老是擔心不小心會懷孕，其實沒什麼根據。懷孕可不一定發生。事實上，懷孕還眞難啊！很多要素要完美配合，才有受孕的可能。就好像打棒球一樣：即使你站在打擊區的最佳位置，當投手丟出一記好球，你必須揮得恰到好處才行。

我猜，前前後後我們差不多努力了四、五個月吧。事實上，爲了受孕，我們一直在月曆上標示記號。有一回妻子生病了，我們以爲這次錯過了受孕良機。我們開始告訴自己，目前不是生小孩的時候。這整件事讓我領悟到，當你愈期待一件事，它往往不肯照著順序來。沒想到，妻子隔月的生理期遲遲沒報到。

走筆至此，妻子也過了一半的懷孕期了。再過四個月，我們就可以看到可愛的寶寶。前幾天才驗出來是個女孩。我們發現，先前所選擇的名字，似乎不太適合。我們決定先把她生下來後，再給她一個適合的名字。

81 生下寶貝女兒

蘇西，33歲，紐約市

婚後九個月又兩天。我坐在計程車上，在紐約第一大道奔馳，準備前往醫院產下我和老公的第一個女兒——蘇菲。

我在半夜的時候出現第一次陣痛而驚醒，一邊納悶著：到底是眞的要生了，還是因爲前一晚吃的印度菜害我鬧肚子？後來，陣痛轉爲關鍵的511模式（每五分鐘出現一次，每次一分鐘，爲期一小時），我明白我倆在蜜月期間製造的小寶貝即將誕生，完全吻合預產期。

我到達醫院後，馬上被接上各種監測儀器。院方判斷我的陣痛夠強，於是我很快就被送進產房。然而，即使已經度過好幾個月的孕吐、水腫，以及挺著大肚子的生活，我對於即將發生的一切，還是有種不眞實的感覺。我看著放在床尾的毛毯跟小毛線帽。那頂帽子很快就會戴在我的小寶貝頭上，它好像是特別被安排放在床尾，好幫助我撐過13個小時嘶吼與哭號的生產過程。我一邊緊抓住老公麥可的手，不禁感謝老天：還好有麻醉劑這種東西。

第一眼看見小蘇菲，感覺眞是奇妙極了！她看起來一點也不小——整整九磅九盎司；儘管她全身紅通通，又哭嚎不已，但小蘇菲在我眼中卻是那麼美麗，那麼完美無瑕。我整個人充滿了豐沛的情感，一種想好好保護她的母性油然而生。我和老公被安排跟小蘇菲獨處一小時，這是我們全家三人第一次單獨相聚，我倆的視線從未離開過這個全身被緊緊裹住的小傢伙。

生產到現在差不多過了六週，我幾乎無法想像沒有蘇菲的生活；我愛她越來越深，這是我人生中最快樂的時刻。是的，我的人生從此改變了。儘管這段過程相當不容易，伴隨著重大的責任，但我絕對不會忘記寶貝女兒綻放的第一個微笑。生下小蘇菲，是我人生中最大的成就。

82

結婚

湯姆，28歲，倫敦

我們並不是全世界第一對結婚的人。實際上，結婚、生小孩，接著產生中年危機，這些大概是人生最平凡無奇的事了。

我是在印度之旅途中，在電動三輪車上向泰絲求婚的。作這個決定一點也不費力。我們交往九年，還生了三個小孩，我倆從沒懷疑過會彼此廝守到老，而且老是爭著喝同一杯可可。如果往後還是把泰絲叫做「女朋友」，聽起來怪怪的；說是「夥伴」更怪，好像我們的感情是什麼新企業一樣。我想要喊她「老婆」。再者，儘管我一向自由開放，但是養一群非婚生子女，總覺有點不妥。

即使才剛開始想到結婚這件事，我就已經想到，婚禮千萬不能制式化——否則就會變成另一場無趣的白色婚禮。像我這種熱愛傳記，喜歡天馬行空的怪ㄎㄚ，婚禮當天別出心裁是非常重要的。畢竟，下一個這麼隆重演出的場合，恐怕得等到喪禮了。

聽到對方說「我願意」沒多久，我和泰絲便熱烈地討論起要舉辦什麼樣的婚禮。選擇似乎有無限多。我們列出賓客名單，勾勒出心目中的禮服款式以及婚禮擺飾，「田園式露天婚宴」的想法隨之成型。我們甚至一度討論到要在賓客席安置滑輪；當賓客們受到氣氛感動的時候，每個人的座位會輪流升起，好讓他們發表感言。

因爲我不是虔誠基督徒，而泰絲則是完全不信教，所以我們還討論到在森林裡舉行異教徒婚禮，幻想著整理出破舊穀倉，來場即興土風舞會。最讓我們鍾意的想法，則是舉辦印地安式婚禮——泰絲和我戴著花環，騎在馬上，沐浴在印地安落日的絢麗餘暉中。

假期結束後，我們從雲端跌落到現實。很快我們就發現結婚場地、外燴師、甚至婚禮ＤＪ都早在幾個月、甚至幾年前就被預訂了。有些人大概是一出生就選定了結婚外燴師吧？

費用也是一大問題。我們去看的每個地方都超貴，更何況場地只是整場婚禮的一部分：其他還有餐飲、酒水，甚至桌椅也要算在內。這些選項限制越多，就越難突顯自己的特色。因爲不願將就於缺乏個人色彩的婚禮，我們變得猶豫不決，整個結婚計畫也幾乎停擺。

在我求婚三個月後，有個朋友提到鄉間有一棟房子可以租用，它並沒有額外的套裝附加，我們可以隨心所欲按照自己的意思來辦。初次參觀時，細細品味那棟房子的美麗景致，我們了解到，不需要潛水艇婚禮，也不用到艾菲爾鐵塔上交換誓言，同樣可以規畫出獨一無二、為自己量身打造的婚禮。

決定好地點之後，我們便專注於其他彰顯個人特色的婚禮細節。我們選擇花飾種類，敲定餐飲樣式，還在慵懶的午後試酒。至於典禮本身，我們寫下專屬我倆的誓言，挑了一些印度寶萊塢舞蹈的配樂，作為新娘抵達時的襯底音樂，還訂了方圓幾十哩內唯一的人力車，好在婚禮當晚載我們離開。

其他事情我們也都親力親為：結婚請帖是我們親自繪製的，婚宴座位卡是用拍立得相片製成的，而當天的拍照、攝影，以及ＤＪ等任務也都找朋友來幫忙。

大喜的日子終於到來。過去幾個月思考和抉擇的結果全部呈現眼前，並且以夢般的速度流逝，但是真正讓婚禮值得回憶的，是我們先前在印度的飯店房間裡所達成的第一個共識——那些受邀來觀禮的親友。在那個暮春的四月午後，我們能給婚禮添加那麼多個人特色，追根究底是因為當天環繞著我們的人，都讓我們能真正的放輕鬆做自己，讓我們有個既不流俗、又能樂在其中的婚禮。

命運	結婚的時候，你想找誰當伴娘／伴郎？	朋友 朋友辦過的派對當中，最棒的是哪一次？	START 起點

家庭

你會怎麼向最好的朋友描述你的父母？

說出一個你一直想送給媽媽和或爸爸的禮物。

有哪件事是你做了以後，能讓家人更親密的？

說出一件你希望兄弟或姐妹順利實現的事。

你最鍾愛的家庭照片是哪一張？

？機會

愛情

你在徵友啓事上會如何描述自己？

你認爲另一半最希望你改進的是什麼？

？機會

…談過春夢一場，…歹戲拖棚的戀…嗎？

哪些朋友最能讓你開懷大笑？

說出一個已失聯五年以上的朋友，但你打算今天就打電話給他。

? 機會

如果你所有的
全都聚集在一
裡，哪些人會
很開心？哪些
悶悶不樂？

性愛

你最棒的性愛體驗是哪一次？

Part 8

真愛萬歲

說出一個你想和伴侶一起追尋的夢想。

說出一個你想「遊歷一下」的奇特地方。

! 命運 !

你的性愛經歷當中，什麼狀況最讓你發糗？

你頭一次了解「人生大事」是什麼時候？

NEXT 樂在工作

你想像中最完美的浪漫約會是什麼樣子？

你初戀的對象是誰？

! 命運

PART9
樂在工作

83

在家工作

84 換跑道

尚恩，36歲，倫敦

好，你已經31歲，是個逍遙自在的單身漢，沒太多煩惱，沒有正式的工作（或是至少不像那些結婚生子、似乎適應良好的同儕，擁有仔細規畫好的職業生涯），也沒有多少錢。然後，晴天霹靂！有天早上醒來，你發現你實在是孤單得可悲、生活毫無目標、身無分文、而且坦白說，就是一團糟。

我在21歲那年好不容易完成學業，那時還是青澀的菜鳥，現在回想起來還會臉紅。我那時剛開始略懂世事，但是我心中擁有堅定的信念，要爲這世界做有益的事，留下正面又持久的影響。

接下來近十年，我都在從事慈善事業，爲一連串的慈善團體工作，包括公平交易、環保、殘障兒童、乳癌。我一直在換工作，從募款員到活動主辦人，再到私人助理。

十年的生命突然就過去了！雖然我很自豪這十年來的工作經歷，但是到了最後，我卻幾乎一無所有。我一直在不同類型的工作中跌跌撞撞，沒有發展任何終身志業，也沒有賺很多錢；雖然有工作，卻未享受到任何福利和保障。

別誤會我的意思，我過得很愉快。我有許多朋友，愛過、笑過，也暢飲過。但是到了31歲，我發現我在職場上是失敗的。我未能發揮潛能，我懶散又毫無條理；更糟糕的是，我沒有誠實面對我自己，面對自己眞正的本性。

我想我那年幾乎崩潰，努力要找出自己的本質所在。我費了很大功夫，試著挖掘自己的內心，找出深埋心底的希望和靈感，能夠引導我有所成就，或是至少在我選擇和下決心時，讓我找回自信、穩定與和諧的感覺。

回顧過去，我找到自己追尋的目標。我從小就知道自己有藝術天分。小時候我很愛做這個做那個，包括剪紙拼貼、玩具，和華麗的戲服。12歲時第一次看了動畫影展，甚至說服父親跟我一起製作燈箱，好讓我在存錢買來的人造絲薄板上，製作第一部動畫。

然而，長久以來，我卻忘了這一切；我一直順應周圍的人給我的意見和看法，使我竟然忽略了，擁有藝術創造力，也能對我的人生產生重要的影響。

這次探索自我的經驗，使我得到很簡單的結論：如果我不設法改變現狀，終究會飽受憤怒和悔恨的折磨，變成行屍走肉，終其一生都毫無喜悅和成就感。好，有點太誇張了，但就是這種最眞誠而不時煩擾著你的心態，在折磨你一年後，讓你重新回歸正軌。此刻我決定，該是將憂慮轉化爲行動的時候了。我必須回到學校進修。

做了這項重大決定的三個月內（再加上父母親大力幫助），我開始上爲其六個月的密集職業動畫課程，也在本地大學學習傳統技藝。

聽起來似乎很狂妄自大，但是能夠利用幾張紙創造出生命、維持其生命力，讓我感到無比歡欣。我會做動畫呢！我用紙筆將形狀、樣式與想法結合時，感到非常滿足。我還能讓它們跳舞——好吧，不是跳舞，但我至少能使它們歪七扭八、誇張地重複走路動作！我覺得這是我可以投入的事業。

有了這些新技能，我就能運用過去透過慈善事業建立的人脈，重新出發。這項工作相當艱鉅，需要持續努力和耐力，但是過去這五年來，我的工作量日趨穩定。我製作富教育意義的網路動畫，向新的觀眾群提倡善行義舉。

我已經找到自己的志業，這是創作熱情和理想撞擊出來的火花，希望終究能帶給我生活上的安全感。有時候我不免會覺得報酬太低或被人看輕，也感受到在期限內完成工作的壓力，但是我現在快樂多了。我現在知道我不但具備一技之長，還擁有行銷長才，可以繼續實踐我20多歲時的堅定信念。

85

曾爲人師

蘇斯安，62歲，休士頓

開車經過以前任教的學院，我注意到車輛不斷湧入早已車滿爲患的停車場，突然間，一股莫名的惆悵湧上心頭。講師正在準備教學大綱和課程內容，學生正忙著買書和選課的事。鐘響了——但卻與我無關，我選擇淡出這幕場景。

我最後一次站上休士頓社區大學的講臺，已經是將近六年前的事了。我當時打算暫時休息，把手邊的書寫完，沒想到一離開就沒再回去。由於丈夫已經退休，我很清楚如果我想保有空閒時間來寫作、並陪他四處遊歷，或許就沒辦法回學校教書了。

我不斷告訴自己，這是明智的抉擇，提醒自己對教書生涯有過的種種不滿。在我求學的五〇年代，女孩子只有三種出路——祕書、護士、老師。我永遠搞不懂速記法那些奇形怪狀的符號，也不敢說自己看到血不會昏倒，最後自然選擇了教書這一行。我選英文科的原因是因爲英文最簡單——另一個原因是我崇拜瑪姬·吉伯森，我高三的英文老師。學生私底下都叫她「巨人瑪姬」，一方面是嘲弄她145公分的嬌小身軀，另一方面也是敬佩她能將荷爾蒙沖腦的高三生制得服服貼貼。

我的教書生涯從二十歲就開始了。當時還是學生的我，接了一個暑修課程，負責教一些冥頑不靈的學生，其中大多數人前一年英文被當掉。課程進入尾聲時，我不禁自問走上這條路是否正確，但我別無選擇。二十二歲那一年我剛結婚，在一所校風不佳的高中當代課老師，曾經天真無知到被學生鎖在教室門外。

身為代課老師，我極少有機會教授我喜愛的文學，大多數時候都是在教文法補救教學——甚至還得教體育。我抗議道：「那不是我的本行。」而總會有一個元氣十足的聲音回答我說：「沒問題啦，妳還這麼年輕。趕快換上短褲，30分鐘後到操場準備上課。」

所以我回到大學進修，取得專科教師證書。兒子上了幼稚園後，我開始在社區大學教書，不但教文學的機會大增，班級秩序也不太需要費心。但還是有其他問題：有的學生應付了事，成績不如預期時卻又抱怨連連；有的學生根本無法體會：文章寫得明白通順或閱讀文學名著有何重要性。

批改考卷、每天的作業，還有每個學生每學期交的六至十篇文章，再加上要看他們的日記，大幅占去了我和家人相處的時間。班級人數又常常太多，沒辦法照顧到每位學生。

行政作業和委員會工作耗去太多時間，讓我往往來不及準備課程或研讀專業期刊。薪資微薄。有些教室根本就不敷使用——過度擁擠、太冷或太熱、照明不足。我一直沒有專用辦公室，所以我的後車廂就成了行動辦公桌，紙箱則權充檔案櫃。

但我沒忘記為人師的喜悅。開學第一天，面對一排排陌生的臉孔，我知道自己想教什麼，猜想著我會學到什麼，期待未來的教學相長。有些日子頻率對了，師生成了學習的共同體。

這些年來我所教過的學生中，有些人著實令我敬佩不已；我希望他們曾感受到我的敬意。藍領工人到學校學習新技藝，好照顧全家人溫飽；高中時代曾經桀驁不馴的叛逆小子或中輟生，成年後領悟到未來要靠自己爭取，於是努力進修取得同等學歷後順利進大學。有些年長的婦女，孩子大了，先生又沒空陪伴，決定為自己開創新人生。她們進入社區大學時總是緊張不安，能看著她們發掘自身潛力，日漸成長，實在是一大榮幸。還有那些努力取得學位，卻又不忘傳承祖國文化的外籍學生。能教導這些學生，引導他們以寫作宣洩心中的渴望、憤怒、希望、不安，符合寫作規範又不失其獨特風采，這些都是教學的樂趣。

我想念他們，也想念同事——當年我們一同慶賀彼此的成就與榮耀；分享教學技巧；

參與地區或全國研討會；甚至是在工作室一邊咒罵影印機，一邊說笑的時刻。

開學的景象總是讓我感到惶惶不安，我只能告訴自己，其實每個人都會以不同的方式教導別人。誠實地活出自我，也是教導別人的一種方式。也許要停止這樣的身教言教，就和不再過活一樣不太可能吧。

今天就做

86

改變上班路線

如果你平常走路去上班，今天試著開車去，看看走路的時候錯過了什麼。
要是覺得平常開車污染了空氣，不妨散個步去上班吧，順便看看風景。

開車：發動車子 → 上高速公路 → 塞車路段一 → 塞車路段二→ 辦公室

慢跑：熱身 → 衝刺 → 停下來喘口氣 → 滿身大汗 → 衝刺 → 書報攤 → 沖個澡 → 辦公室

走路：活力十足邁開大步 →(搭計程車)→ 書報攤 → 穿過公園 → 通過街上的人群 → 辦公室

地鐵：地鐵手扶梯 → 塞進車廂 → 滿身大汗 → 終於到站了 → 街上人擠人 → 辦公室

87 經營民宿

安娜．瑪莉亞，56歲，奧勒岡

第一次到萊德維爾的時候，雪正緩緩落在泥土小徑上。一排一八九〇年代建造的屋舍覆蓋著白雪，時光恍若倒回一世紀前。當時我不禁想著，能住在這該有多好。

光陰似箭。幾年後，我先生在萊德維爾找到工作，於是我們倆加上四歲的女兒，一家三口遷居萊德維爾。那個時候，克萊門斯礦場剛開挖，帶動了整個小鎮的繁榮。鎮上的兩千個工人裡，就有一千五百個在礦場工作。這種情況下，根本找不到空的公寓或房子。

第一天晚上，我們只好在達拉威旅館過夜。夜幕低垂時，街上的酒吧傳來各種歡樂鼓噪的聲音，聲聲入耳。到了半夜，有人在旅館的走廊上追逐，甚至還眞的開了一槍，我們一家人都給嚇醒了。整個情況簡直就像電視影集〈牧野風雲〉的眞實版。

我們遍尋各種機會，想趕快搬出旅館，找間自己的房子。然而存款有限，根本買不起獨棟房子，但我們還是不放棄，一家一家去看。後來有一回，我們告訴屋主，我們只是想來看看，手上沒有足夠的錢。

帶我們好好參觀過那棟豪宅之後，屋主告訴我們，他想到一個辦法，讓我們可以買下那棟房子。他建議我們住在一樓，把空房間租給礦工。因爲我們的薪水不夠抵押，所以從第一個月就得找足房客，而且不能有突發狀況，否則財務就會出狀況。那時我們夫妻倆還年輕，而且我本來就是個愛作夢的人，所以我們決定放手一搏，就把房子買下了。

頭一年半還算盡如人意。我可以待在家裡陪女兒，不用出門工作，還可以過自己的生活。

可是到後來，全鎮的金主——可靠的大礦場——開始走下坡。失業人口大增，許多人無家可歸，公司行號紛紛倒閉。我們的房客陸續搬走，眼看萊德維爾的生活就要難以爲繼。

我們得想辦法保住房子。在前一年半裡，我們攢了幾分積蓄，我們決定拿來投資古董，房子則用來經營民宿。

幸運的是，那棟房子在二十世紀初居然是個州長的官邸，拿來當作表演場地或來場歷史巡禮再適合不過。我們邀請鎮上耆老來講古，之後我們再朗誦查到的資料，讓訪客可以作個對照。

有一段時間，有個房客是鋼琴師，他彈琴的時候，我的丈夫、小孩還有其他的客人，就會隨著拍子一起歡欣唱和。這樣的時刻，遊客可以和鎮上的居民打成一片，親身體驗小鎮的文化。整棟房子充滿歡笑，生氣勃勃。

十三年後，我們離開了萊德維爾。現在想起那段生活，宛如一段童話書中的美好回憶。

今天就做

88

利用餘暇開發事業第二春

不需要戲劇性地辭職，或是在一夜之間改頭換面……
只要選定一個希望能轉成生涯規畫的嗜好，每天花上十五分鐘。

89

開餐廳

詹姆士，30歲，倫敦

我當演員已經五年了，不過大部分時間都賦閒在家等通告。爲了能收支平衡，我得兼差，不過盡是些沒有發展潛力的工作，像是扮成「香蕉人」。我可不想到了三十幾歲，還在做類似的工作。

我曾花心思鑽研巴黎的咖啡劇場。心中的想法一個接著一個，漸漸地考慮到轉行，因爲實在不想老是被動等待拍片機會上門。餐飲業和戲劇表演有諸多共通處，特別是劇場，因此我慢慢有了開餐廳的想法——一間氣氛溫馨、讓人賓至如歸的餐廳，有美食，還有獨立區域，提供戲劇、詩歌及音樂的演出。

大約四年前的一個晚上，在酒精的催化下，我終於跟幾個朋友傾吐內心的期望。我心想，要是愈多朋友知道此事，我愈有可能付諸行動，畢竟我可不想丟了面子。不管是成是敗，我都要堅持到底。

現實面的問題馬上浮現。我在二十幾歲時，時間都花在找尋合適的工作，一路下來並沒有累積什麼商場上的實戰經驗。營運計畫書、事前預估、場地勘查、建管事宜、和當地政府單位溝通協調等等，不曾出現在我的工作生涯中。我和餐飲業唯一沾上邊的，是十八歲那年當過吧台人員。這下子，要學的東西排山倒海而來。

主要還是靠著實務經驗，讓我學到了不少。後來我在幾間餐廳做過經理，學會如何跟主廚打交道——這些廚師們個個都是出了名的難搞。接著，我開始尋覓開店的地點。找遍了市區裡裡外外，考慮過的地點不知凡幾，有好幾次幾乎就要簽約開店了。

後來決定簽下的店面，前身是家老舊的玩具店，我小時候還常去買玩具火車。雖然已經年久失修，但我想這個地點應該可以把餐廳做起來。

地點確定後，事情進展便快速許多。答應要投資的親朋好友，在我的死纏爛打下，紛紛「慷慨解囊」；其實也是因爲他們看到我傾盡所有投注在開店上，被我的認眞打動，才願意投資。不過到了簽支票的那一刻，還是有不少人打退堂鼓，而簽下支票投資的股東，也相當清楚他們可能會血本無歸。

可想而知，我沒有足夠的資金雇用整批工人，重新改造店面。爲了開店，從建造到裝潢，我都得事必躬親。我相當感謝女友、家人和朋友，他們在過程中幫了許多忙，從打雜到粉刷等等。重新整理店面大概花了五個月。這大概是整個過程中，最令我滿足的一段。

整修工程漸漸完成，接下來便是打理菜色、挑選藏酒、雇用員工、設計商標等瑣事。最後終於登上夢想的高峰——看著餐廳廚師爲第一位客人烹煮出第一道菜。「鍊金師的廚房」就這樣誕生了。

實在太令人興奮了。當第一個既不是家人也不是朋友的陌生人上門光顧，感覺相當不眞實。前一晚半夜兩點鐘，我還在打餐廳的菜單，而女友、弟弟和一個朋友還在爲地下室作最後的打點。我們簡直沒時間喘息，感覺第一批客人就像是入侵者一般，攻進我們的基地。

另外，離我上次管理餐廳已經有半年時間了。這半年幾乎都花在整修店面上，所以第一批客人上門時，顯得有點生疏，還得趕緊拭去臉上的石膏漬，把指甲縫裡的油漆剔乾淨，穿上乾淨的襯衫，爲客人端上美味的佳餚。

爲何我一直這麼興致高昂呢？有一部分是因爲盲目相信自己辦得到，加上我有點固執，也喜歡親手執行計畫。看到夢想在自己努力之下逐漸成眞，實在是相當美妙的感覺。

回想起來，當時眞是天眞，竟以爲經驗可以到開店時再慢慢累積就可以了。事實上，業主應該事先去了解關於開店的大小事項。平常我在家算是烹飪好手，但餐館的廚房所需要的技能完全不同，絕對是我將來需要多加鑽研的。

我的餐廳已經經營一年又三個月了。做自己想做的事會得到很豐富的收穫，但在一開始時，的確是相當艱辛。經營餐廳是相當耗費心力的。每天的勝利與喜悅總是被種種瑣事與問題所沖淡。我體悟到一件事，那就是永遠有問題在等著你解決。

我想，除了在自己餐廳裡的劇場過過戲癮外，有好一段時間，都不會再回去演戲。不過就算到時眞的重返演戲這一行，我也不會後悔開餐廳的這段經歷。

90

辭職

丹尼爾，29歲，紐約市

在「銀行家的工作時間」前面加上「投資」二字，意思就從朝九晚五變成早晨7點到晚上11點：爲公司賣命，靈魂被榨乾，且易導致潰瘍的7-11。

兩年來，我一直都是那樣工作，一週持續六天，甚至七天。每天晚上的精疲力竭，往往又被隔日清晨的疲勞所取代。走出辦公室，我看到的早晨和晚上，只能從天色不同深淺的黑來判斷。那黑暗從我充滿夢魘的睡眠中湧出，再重新注入。

雖然每天只有幾個小時可以休息，實在很不健康，但畢竟是我私人的自由時間。反觀在公司的時間，自由不過是幻想罷了。家裡是自然的黑暗，辦公室則是充滿了日光燈和電腦螢幕的閃爍世界。人工光源只是在強調我生活型態的陰暗面。

每天做不完的事，開不完的會，數不完的試算表和分析報表；資訊不可盡信，所以不能閉著眼睛做；但又不夠有趣，無法活化腦力。我像吸血鬼一樣，在墓園般的辦公隔間內徘徊，唯一的奢侈品——不是鮮血，而是一杯可以補充能量的冰摩卡咖啡。辦公大樓沒有「星巴克」，所以我得走出辦公大樓：這也是我唯一可以在白天接觸到自然光的時候。

那麼，我爲何還要幹下去？

答案並不複雜：我不知道有什麼更好的工作。這份工作——至少在好萊塢電影裡的投資銀行家——是我夢寐以求的工作。我從小就對錢很感興趣。我的偶像英雄是《天才家庭》的阿歷斯・基頓。我最喜歡的電影是《華爾街》。我的房間並沒張貼名模或藍寶堅尼跑車的海報，卻貼了該片的大亨高登・傑可的名言：「貪婪是好事。」我八歲時就對國際賽馬做了生平第一次的投資，資金是兩次生日存下來的250美元。那是我對賭博這件事所下的賭注。我目前的藏書大部分是經濟嫌疑犯所寫的——勒菲樂、葛拉翰和費雪——我甚至到現在還沒勇氣發掘其他的眞相。《說謊者的撲克牌》我讀了三遍。

我心想：「有一天我會成爲大壞蛋。」

那麼，眞正的問題不是我爲何從事投資銀行業，而是我爲什麼還在工作？如果我說刺激感、吸引力以及我一直沒空花的銀行存款不是主因的話，那我一定在說謊。豪華黑頭車、由百老匯明星演出的私人音樂會，以及名牌內衣「維多利亞的祕密」發表會的前排座位，總有一股莫名的魅力。

另外，我還夢想有一天能夠跟老闆過一樣的生活：在紐約漢普敦的古堡舉辦豪華筵席；到加勒比海的小島出差度假；享受足球賽中場區的絕佳視野，並且在比賽中場開著私人直升機去看兒子的足球賽。

但是在潛意識下，我懷疑這一切並不值得我耗費那麼多青春歲月。我終於明白，古堡、加勒比海和直升機並非想像中的光鮮。你沒聽說老闆為了趕業績，把睡袋放在辦公桌底下；你不知道他有高血壓或因壓力引起的腸道疾病。除非你對他很熟，不然你也不會聽到他說，如果你靠近一點的話，可以看到某位超級名模大腿上有一塊脂肪團。我蒐集的剪報很少描述這些華爾街的幕後新聞。如果你想知道工作上的成就將會帶給你什麼的話，最好去看看那些主事者的生活形態吧。可惜，我發現得太遲了。

那麼，我幹嘛還待在這？

那也不難理解。害怕。害怕另一種生活形態。害怕未知。害怕失敗。當你一生追求的夢想變成夢魘時，接下來你該怎麼辦？

糟糕的工作就像一段糟糕的戀愛；我覺得自己就像身心飽受傷害的受虐丈夫，我直到離開之前才知道我的工作有多糟。也許我自己就是問題吧——也許我是受虐狂，也許我需要經常受威嚇。縱使我真的離職了，我可能又會投入另一個可怕職場的魔掌。

這些我都知道。我也知道隨著日子一天天過去，成功逃脫這一切的可能性就愈來愈低。我不知道哪一次打擊把我逼到盡頭。也許是那天晚上，我爲了建立Exodus獲利模式而熬夜加班到隔天清晨六點，外出時撞見老闆——他提前一小時到公司，準備七點給客戶電話拜訪。他看到我時只說了一句：「等會不要遲到。」

也許是在查看銀行帳單時，我發現我預付了一千二百美元健身房會員費，一整年卻不曾上過健身房。也許是看到老闆把六位數金額花在辦公室的壁爐上，還向我解釋，降低成本可能影響到我的津貼。

然而，不管什麼理由，在某一個夏日，我走進他的辦公室。嶄新的壁爐在我們身旁嗶剝剝地燃燒著，我說我不要電話拜訪了，而且，我也不會打電話來了。

我漫步經過一排黑頭車，陽光把它們晒得熾熱，但同樣的陽光卻滋潤著我的皮膚。離家還有五哩路遠，但我只想安步當車。我的身體得花一段時間才能適應新的生活，至於我的心靈，則需要更長的時間才能適應。然而我對這個新的開端感到雀躍不已。當我暢飲一杯35分錢的平價咖啡時，比起從前喝一杯5美元的摩卡咖啡更能撫慰我的心靈。我終於覺悟，有時放棄一件事情，需要很大的勇氣。

命運

如果所有工作
的薪水都一樣，
你會選哪一種？

你的第一份工作
是什麼？

START
起點

舉出一個你想做的
義務工作。

機會

如果你在家工作，
比起在辦公室工作，
會少了些什麼？

舉出你在職場上最
值得驕傲的成就。

你做過最糟糕的
工作是什麼？

你失業最長的時間
有多久？

八歲時想做什麼
作？你實現了嗎？

機會

你覺得你的哪些
技能沒能好好發揮？

Part 9

樂在工作

迄今你工作上最幸運的轉變是什麼？

你需要多少錢才能舒服地過日子？

機會

如果你每週有半天時間可以做不同的工作，你會做什麼？

你羨慕哪一個朋友的工作？

你曾經提過一個眞正可行的商業構想嗎？

什麼職業最不被重視，什麼職業被過度重視？

今後10年，你最可能從事什麼工作？

你最喜歡跟誰共事？

命運

NEXT 延續與傳承

你對「成功」的定義是什麼？

你一週工作多少時間？

命運

PART 10
延續與傳承

91

埋下寶藏

92

傳承家族傳統

艾瑞克，32歲，羅德島州

我的曾祖父是挪威的路德教派傳教士，在馬達加斯加島的多凡堡傳教。一九〇〇年，他把自己的名字刻在島上最高峰的一塊岩石上，俯瞰整個印度洋。

他的兒子，也就是我祖父，同樣在馬達加斯加島傳教，一九三三年也在同一塊石頭刻上自己的名字，就刻在我曾祖父的名字下方。

我父親在馬達加斯加島出生成長，不過他離開以後就沒回去過。我上大學和醫學院的時候，他已經過世了。

三年前，我自願輪派到多凡堡外一家傳教士醫院。有一個週末，我和姊姊登上聖路易斯山，去看看那塊曾祖父的石頭。曾祖父跟祖父的名字都還在，景色美得不可思議。一個星期後，我帶著鐵槌和鑿子上山，把我父親跟我的姓名縮寫刻在祖父的名字下方。

我的身體毫無馬達加斯加的血統，但馬達加斯加對我來說，卻是全世界和我淵源最深遠的地方。我有張舊照，是曾祖父在聖路易斯山上的登山步道拍的，照片中的他回頭看著相機。我現在知道他當時的感受了。

你｜也｜可｜以…

陪產．設立獎學金．買房子．寫日記．在報上刊登訃聞．撰寫回憶錄．擬遺囑．分送所有家當．獲得榮譽學位．捐贈長椅給附近的公園．整理相本．定期到家族墓園探視．將藏書捐給附近的圖書館

93 看著兒子長大

尼爾，36歲，倫敦

我看著十六個月大的兒子彼得出娘胎以來，第一次剪頭髮。幾個星期前，我自己也坐在同一個位置剪頭髮。這剛好突顯了過去這一年半來，我和他經歷的人生蛻變。

在此之前，彼得的頭髮從沒剪過，又亂又不好整理。看著他的髮絲一綹綹落地，我頗爲驚訝：我們已通過了這許多關卡。初爲人父母的日子裡，莉莎和我有時就像我們的寶寶一樣無助，像勞萊哈台那對寶一樣驚慌失措。如同所有新手父母一樣，我們把彼得從醫院帶回家那天，簡直是天翻地覆，生活再也不復以往的閒逸了。

當然，彼得並不知道我爲他的首度剪髮賦予這麼多意義，他高興地玩弄著洗髮精瓶子，頭擺過來擺過去，想要躲開理髮師緊跟不捨的手，還好他似乎覺得理髮師只是有一點討厭，所以並沒哭鬧，只露出困惑的樣子。

從襁褓小兒到現在，彼得就像換了一個人：他從一個完全仰賴大人、沒有行動能力的新生命，變得會走路（不過走得搖搖晃晃）、會說一些字和短句子、會用湯匙吃東西、爬階梯、洗澡時會玩水、會跟玩伴玩、會逗餐廳女侍、而且最重要的，是他聽我講笑話會笑。

但爲何兒子第一次剪髮，對我來說意義如此重大？在我和他的生命巨變當中，一個最重大的變革是，事物的秩序整個不一樣了。別人不再只叫我是莉莎的另一半，或是我爹的兒子，現在我是彼得的爹；他依靠我，從我這兒學習，也被我逗樂（有時呵他癢，呵得他臉都紅了）。我是他的超級無敵老爸。這樣的想法，讓我對自己老爸也有了全新的看法。我突然想到，爸爸一定也有過掙扎，他肯定有很多時候覺得自己很遜，就像我現在一樣；但在我成長過程中，我總覺得老爸是超級無敵的。

彼得剪完頭髮以後，我們把幾綹頭髮收在小袋子裡當作紀念，打算送一些給他的祖父母。

彼得剪髮之後模樣也變了；他看來更聰明，也長大了些。我把嬰兒車推出理髮店，迎向外頭暖暖的陽光，俯視他燦爛的笑容，我感到我們的生命又進入了一個新階段。我們倆似乎都老成了些：彼得看來大了一點，而我覺得自己老了一點。往後的人生還有什麼？天曉得，但我明白，我會永遠記得這一刻。

94

把珍藏之物交給別人

死的時候把東西留給人很容易，但為什麼一定要等到油盡燈枯，才能看著有人因你移交傳家寶貝而滿臉欣喜？無論是無價之寶，還是因為感情因素保留的一張票根，今天就挖出一樣私人珍藏，把它送給親密的人吧。

95

種一棵樹

柯林，72歲，英國

一九三七年，為了紀念喬治六世加冕，有關當局動員許多小學生到地方上的公園種一排西洋栗樹。

那天我們個個衣著整齊，並不是穿園藝工作服。我當時只有六歲，但是仍清楚記得，有人給我一把小鏟子，還叫我在樹的根部堆一些土。

有人告訴我們，種樹成功的祕訣在於將樹根踩進土裡。印象中，那時老師指定在場最胖的小男孩陶比・威廉斯，他很盡責地在樹旁邊走來走去，他的大靴子深深陷入土中。

過了將近七十年的現在，我常認眞地想到，我比那高大健康的西洋栗樹年紀還要大；當初我種下的時候還只是小樹苗而已。一直以來，我住的地方到公園只有幾百公尺遠，所以我有時候會去看看「我的樹」，觀察它生長的情況。這棵參天大樹現在已經長到90呎高，樹幹直徑有3呎寬。這棵樹帶給我終生的愉悅。

96

跟隨母親的腳步

布魯斯，46歲，印地安納波里

我站在媽媽還未覆土的墓穴旁，一種深遠、明晰、實在的感受襲上心頭，讓我做了一個連自己都意想不到的決定：我要像她一樣。

這一刻的確令我大感意外。媽媽的墓安置在印地安納波里，也就是我成長的地方。就像許多人一樣，我一到可以自立的年紀，就迫不及待逃離家鄉，奔向另一個廣大而充滿刺激的世界。

我從小在印地安納波里郊區成長，單純地認爲爸媽甘願守在這裡。有時我們也會出門旅行，到紐約、洛杉磯、蒙特婁，但我們總是「很高興回到家」。

我第一次覺得事情可能不是這樣，是我發現媽媽並不算是特別好的母親。我的意思不是她讓我們失望或常打擊我們，而是她的生活態度。當時還只是青少年的我，當然不知道成人也有可能不快樂；身爲她的兒子，我並不在意。

但要我像她一樣？不可能。

我搬到東岸後，母子關係才逐漸改善。有一次她打電話來，問我要不要到甘迺迪機場同她和爸爸見面吃飯；他們要到那裡轉機，前往西藏。

西藏。

她跟著教會的朋友一起出團，因爲教會裡有人號召了十幾個教友，親眼去看看西藏的宣教團。自小在農場長大的爸爸對此行並不感興趣，但媽媽說，這種機會可不是常常有，所以他們就一起去了。

幾年後，有次我們通電話時她說：要是你打來時我們不在家，就是去羅馬尼亞拜訪一個了不起的團體，他們專門幫助流浪街頭的孩子和孤兒院。他們回來後，媽媽說起行程中曾在別人的協助下進入下水道，親眼目睹那些無家可歸的孩子住在污穢的環境中。

她的健康逐漸惡化，身體機能開始損毀：糖尿病，腎臟病都來報到。有一次我打電話關心她的身體狀況，她告訴我牧師要帶著領養的孩子回到祖國南非，邀請她一同前往。這次爸爸並未同行。

但這次旅途卻不太順利。爸爸打電話通知我，媽媽會提早獨自返國，因爲她的胃受到嚴重的病毒感染。掛上電話後，我數著她要花多久時間坐飛機、飛越海洋，還得抗拒那種無力而難堪的心情。但我知道這些她只會一筆帶過，然後拿出一堆相片和錄影帶，告訴我她看到足球賽和樹上的猴子。

外婆過世後，我和妹妹才漸漸發現，我們的媽媽搞不好從小就一直不開心。一個出生於經濟大蕭條年代的獨生女，她一定覺得自己的一生好像上了腳鐐手銬，而且沒有鑰匙。婚姻和印地安納波里雖然禁錮了她，卻似乎是她唯一的選擇；生了孩子後，她更覺得所有出路都被封死。

想當然爾，當她終於等到機會，自然毫不猶豫地衝出牢籠。就像是最後的報復一樣，媽媽變賣外公外婆留給她的房產以支付旅費，並對爸爸表明，若他不肯同行就別想用這些錢。

不僅僅是如此。她晚年的幾趟旅程，雖然有些不智，卻清楚宣告了什麼對她才是重要的：她終於能放縱無盡的好奇心，探索在印地安納波里永遠也見不到的事物。不論是強壯或年老體衰，你會去一個地方，是因爲有那個地方存在；因爲你會在那裡找到一部分的自己，一個不走出去便永遠也不會發現的自己。她出國去探訪照顧孤兒的宣道團，但這些孤兒卻將福音傳達給她。

站在媽媽的墓旁，我可以輕易地想出許多她從未給過我的東西。她只留下幾樣物品給我，其中包括她出遊的照片、缺了角的登機證、還有美國航空的盥洗包。不論我是否選擇加以珍惜，這些都是她留給我和妹妹的遺產——如果我們懂得其中意義，並願意領受。

我轉過身，走向車子，回歸自己的人生。但我不停地望向地平線，心想著接下來該去哪裡，一個我可以帶著兒子們找到她、找到我、找到他們自己的地方。我們將傳承她這一生做過最棒的事，然後我們將會在她現在前往的那個地方相聚。

你｜也｜可｜以…

看著曾孫誕生．造訪越戰紀念碑．擔任教父或教母．接受人體冷凍保存．回顧職場生涯．捐贈器官．選擇紐奧良式爵士樂葬禮．指定海葬．幫助下一代．把故事傳下去

97

編寫家族食譜

葛瑞絲，39歲，加州

有一年的感恩節，所有客人都離去了，電視上播放著烹飪節目，主持人的奶奶在教他怎麼烤小餅乾，而那份食譜居然是奶奶的母親傳下來的。我回憶起過去在家裡享用的種種美食，忽然好想要有一份完整的家族食譜。

那天晚上，我寫信給娘家的親戚、婆家的親戚、還有妹夫家的親戚，一網打盡，希望他們去回憶家人在各種節日、慶祝場合共享的美食，甚至是日常三餐，再把不管是食譜、印象、或是照片之類的資料都寄給我。我想要把家族裡每個人的食譜都收集起來，不管是曾祖父母、祖父母、外公外婆、姑嬸姨嫂、叔伯舅父，以及堂表兄弟姐妹加上一群小鬼頭，總之，只要和我們家族扯得上一點邊，只要喜歡作菜、願意分享，都可以把食譜寄過來。

而且，我還特別要求希望收到食譜的「初版手稿」，這樣我可以把它們掃瞄起來，保存每個人的筆跡。想想看，小孫子認出來奶奶寫的字，這能帶出多少回憶啊！

一年之後終於完工，我印了二百五十本。我的家族融合了各種文化，有猶太人、中東人、波蘭人、還有義大利人，因此我把這本食譜命名為「從猶太可麗餅到中東千層酥」。內容編排方式依照傳統的食譜，從開胃菜、前菜、麵包、主菜到甜點，一應俱全。書後還附上索引，把每個提供食譜的人按名字的字母順序排列、標註他們和家族的關係、提供了哪道食譜，以及食譜所在的頁數。我收到的食譜眞的是五花八門、包羅萬象，像是奶奶美味無比的猶太白麵包、匈牙利果仁蛋糕、還有埃及風味的摩露卡濃湯（把埃及的菠菜濃湯澆在埃及米飯上）。這本書不只是食譜，還有許多故事、回憶、以及照片；我們可以把它一代一代傳下去，久久遠遠。

今天就做

98

錄製身後錄影帶

想在死後留下什麼給後人嗎？
你有一堆老掉牙的建議、過時的老生常談，卻希望有人能好好聽一聽？
現在就拿起V8或錄音機，記錄你對下一代的想法、擔憂、期望，以及信念。

邁向三十大關？
步入婚姻的殿堂？
馬上就要當爸爸／媽媽了？
讓自己的生活更有趣！幫別人記錄他們生命中重要的一刻。

記得別漏掉這些有意思的東西：
你目前的人生信念。
別人可能沒注意到的個人英勇事蹟
有些羞於啓齒的事，最好死後才讓人知道……

99 打造屹立不搖的石階

約翰，28歲，阿姆斯特丹

他們給了我鶴嘴鋤，外加一副護目鏡，好抵擋飛散的碎石片。爲了證明我不是弱雞，我拿起工具馬上展開行動，抓了狂似地朝石頭拚命敲打，一連五下，終於敲下一塊碎片，擊中樓下廁所的窗戶，留下一道裂縫。傑夫相當滿意。

十四、五歲時，每逢週末我大多會到家裡的農場幫忙；不過後來便很少往農場跑，能不去幫忙就不去。到了十六歲，我選擇繼續升學，亞倫叔叔和他的助手傑夫私下卻頗有意見，認爲我應該到農場工作才對。這倒也沒有影響我們的關係，他們覺得這是我「成長必經的階段」。後來我上大學決定主修中世紀詩學，卻遭到他們極力反對，幾近不屑的地步。

我和傑夫私下相處時，其實關係相當不錯；不過一有其他人在場，他便很愛針對我有高學歷卻缺乏常識一事，大做文章。他最容易「得逞」的手法便是要其他人猜猜看我會不會做某件簡單的事，而且一直叫我「書呆」、「愛因斯坦」。比如說，他會故意朝我點點頭，然後問亞倫叔叔：「不知道咱們的愛因斯坦會不會用塞子？」或是「你覺得書呆知不知道水桶該怎麼用？」漸漸地，這讓我很厭煩。

大學剛畢業尚未找到工作時，如果回到農場做事，實在是自投羅網，因爲免不了會飽受冷嘲熱諷；但若在求職期間，還回家跟爸爸伸手要錢，受到的羞辱可能不只如此，因此我還是決定先回農場工作。

時值冬末，還不到母羊的生產期，其實沒什麼事要忙。亞倫叔叔向我提了個計畫：在農舍正後方地勢隆起處，有一塊空地可以停四輛車。如果在這堆石頭上，砌起一級級的階梯，那麼家人便可從廚房的後門直接走到停車場。這項工程可不是那麼簡單，因爲這些石頭看起來都「固若金湯，堅不可摧」，但爲了洗刷娘娘腔的形象，我得裝出一副樂在其中的模樣。

頭幾天特別「堅」苦。有時候鶴嘴鋤重重敲在石頭上，反射的力道好像連我的臂都快給敲碎了。不過一個星期過後，階梯的樣子逐漸成形，一共有八階。

我越來越投入，一心只想砌出完美的階梯。當亞倫叔叔他們從農場上回來時，常看到我四肢伏地，手裡拿著量尺和水準儀，用小挫刀刮掉石塊，並輕輕吹去刮下來的灰塵。整整三週過去，工程也告一段落。這工作眞不輕鬆。我折斷幾片指甲，雙手也變得乾裂，不過每個人對我的表現都讚許有加。

下半年我回到農場幫忙搬運乾草，對農場也不再有莫名的焦慮了。我和亞倫叔叔、傑夫花了一整天，將一綑綑的乾草搬到拖車上，再把乾草載到遠在農場另一頭的倉庫卸下。完成任務後，我們又累又渴。傑夫把拖曳機開回農舍的庭院裏，我和其他人就坐在拖車後面，腳懸在半空中。

我們在太陽底下坐了一會兒，一邊喝著啤酒。喝完第二罐時，我心裡格外輕鬆愉快，打算拿更多啤酒來喝。從農舍回來時，途經我剛打造完成的階梯。看著階梯，心中突然湧起一股自豪的感覺。階梯相當堅固牢靠，幾乎不可能會有任何損壞，此時腦海閃過一個念頭：即使百年之後我已離開人世，這階梯仍然屹立不搖。一想到能在這世上留下不會消失的東西，內心便激奮不已。幾杯黃湯下肚後，也不管其他人會怎麼挖苦，我把心裡的感想說出來。

話剛說完，大夥一陣沉默，讓人有點不太自在。傑夫揶揄道：「聽起來我們的呆因斯坦老大喝多了。」

100

從頭來過

瑪格麗特，27歲，華盛頓特區

多年以來，「從頭來過」一直是我的夢想。拋開所有一切，重新活出新的自我。

我不是一個輕言放棄的人，但放棄和勇於做決定之間，只有區區一道細線。就像電影《大笨蛋》（The Jerk）的情節，我也要說：「我就需要這個熱水瓶而已。」沒有工作，沒有房子，沒有存款，沒有學校，沒有男朋友，也沒有「完美的」計畫。

所以在27歲生日前幾天，我買了一張從華盛頓特區到舊金山的單程機票。我打電話到公司說我不幹了。作這個決定我並不難過。對過往的一切，我也毫無怨尤。我愛我的家人，而且我有一票狐群狗黨。我只想看看我是否有能耐實現夢想——藉此證明自己能夠接受改變。

我把大部分的身外物都給了別人，只留下一些必需品而已。啓程前，我和父親共度了一個很棒的週末，和朋友參加了夏日烤肉活動。

提筆此刻，我正飛越匹茲堡的上空。內心期待會碰到亂流或什麼的，但我認爲我一定挺得過。

你｜也｜可｜以…

設立獎學金・買房子・寫日記・在報上刊登訃聞・撰寫回憶錄・擬遺囑・分送所有家當・獲得榮譽學位・捐贈長椅給附近的公園・整理相本・定期到家族墓園探視・將藏書捐給附近的圖書館

命運

你自己的喪禮上想播放什麼音樂？

你想留給後人的東西有哪些？

START 起點

你的墓碑上想刻哪些字句？

機會

你想把自己的骨灰灑在哪裡？

你會考慮捐贈自己的軀體用作科學研究嗎？

若要選出三樣對你有特殊意義的物品作爲陪葬，會是哪些東西？

你最希望下一代能有哪些成就？

生之年因爲沒有
到哪件事，而讓
遺憾不已？

機會

你希望誰會在你的告別式上致詞？選出三位。

舉出一位雖然已經不在人世，卻對你影響至深的人。

你擁有的東西當中，哪些是你希望世人在你往生後才發現的？

?機會

你有哪些家訓
箴言想留給兒

Part 10
延續與傳承

!命運!

你想把遺產捐給哪家慈善機構？

說出一件你能力所及，且對他人有所啓發的事。

你想讓曾孫們聽到你的哪些事蹟？

有哪些祕密，是你想帶進墳墓裡一起埋葬的？

NEXT 尾聲

到目前爲止，哪一天是你覺得最棒的一天？

!命運

尾聲

一切始於夢想

專司邏輯推演的左腦說：「別傻了，胖子，跟他們說實話吧：你很怕……」但是我的右腦，笨笨的右腦卻叫我去當記者，買卡車，還留大鬍子。它說：「做吧，你只活一次，如果不做的話，你會後悔一輩子的。」——38，〈音速飛行〉

不論是哪種私密的夢想：騎摩托車橫越加拿大、在法國西南海岸開餐廳、籌措經費為遊民建造避難所，或是想學班卓琴……許多人都有種種夢想，可惜我們必須回歸現實。

究竟要怎樣才能實現夢想呢？

在電影裡頭容易得多——時鐘快轉幾圈，日曆翻一翻，時間就過去了。鏡頭直接跳過困難的部分：大清早、深夜時分、冷掉的晚餐、拒絕信、成堆的帳單。很抱歉，在現實世界裡沒辦法跳接，更沒什麼輕鬆愉快，加上配樂的蒙太奇鏡頭，能讓事情飛快進展。

因此，我們自然而然會原地踏步，心想等哪天眾星連成一線時，再踏出第一步。每個人都是如此，這是難以克服的天性。我們深怕白忙一場、繳出白卷，所以我們甘心每天洗碗、清桌子、遛狗。但有時候，對某些我們衷心渴望的事物，那種想知道下個轉角會出現什麼的好奇心，會激發我們一探究竟的決心。

夢想清單就是用來幫助我們辨別，哪些是我們最想體驗的事物。儘管你也許會選擇把清單收到抽屜裡，或埋在花園等待後代子孫挖掘；但也有可能，你會從中領悟，那些夢想正在呼喚你必須採取行動。

很少人能夠把所有寫下來的事項逐一完成。有時候我們只是想放一天假，躺在沙發上，聽空調嗡嗡作響的聲音發呆。事實上，你也許會發現，你的清單上有90%的目標即使未能達到，也能過很不錯的生活。如果是這樣，夢想清單更能讓你集中火力在最重要的事項。

也許過了一夜，在白天寒涼的光照之下，你覺

得有幾個夢想沒那麼吸引你了（養隻猩猩、開偵探社——我在想啥啊？！）不過在放棄以前，想想看你放棄的原因，究竟是因爲夢想很荒唐，還是因爲你害怕這些夢想不符合世俗觀點，或者是太難達成？

不是每件事情都得窮畢生精力或耗盡心血才能完成。想抽根雪茄？戴一整天的假髮？煮一頓大餐招待朋友？也許今天午夜前你就能完成這三項了（不過關於假髮，你可能得事先警告身旁的朋友……）。

接下來的問答遊戲，能幫助你深入探索夢想清單上的選項。你用不著把目標排序，但約略知道各項目標的難度和規模是很有用的。了解某特定目標的相關資訊是不夠的，如果能進一步了解，爲什麼我們一開始會把這個目標寫下來，以及達成目標是爲了什麼的話，即便目標極爲艱鉅，感覺上會容易掌握許多。

了解各項目標的背後有什麼理由和動機，想想爲什麼你會有這種想法。你可能會發現，原來你的夢想清單並非無跡可尋。

後記

遠大的志向總是不容易成功。這也是遠大志向的吸引力之一：它需要我們全心投入並發揮我們原不知自己擁有的智慧，但是把空想變成事實——從無變到有——這滿滿的成就感往往能長存一輩子。

天下沒有一蹴可幾的事。史提夫・約伯（Steve Jobs）在臥室裡草創蘋果電腦，約瑟夫・海勒（Joseph Heller）每天早上上班前利用零碎時間寫長篇小說《第二十二條軍規》（Catch-22），花了八年才寫完；安妮塔・羅迪克（Anita Roddick）本來慘澹經營一家B&B民宿，後來才創辦「美體小鋪」，並未訂下什麼五年計畫。以前美國沒有「另類音樂」，到了八〇年代，常睡朋友家沙發，在別人家客廳表演的「黑旗」（Black Flag）樂團才崛起，帶動新風潮。

眞正有價值的不只是目標本身。那種對目標的執迷追求，經過時間的淬練，往往讓人低迴不已。雄心壯志非唾手可得，最好的計畫也常常有不按牌理的意外演出，而眞正讓這趟旅程値回票價的，是沿途的新發現——若不是這番尋尋覓覓，往往會錯過的發現。

當然，人的想法會變，夢想清單也會跟著變。幾個月之後，有些人會檢視寫下的東西，發現部分目標需要好好修改（說不定你眞正渴求的，不是西班牙那棟房子，而是一大片陽光，一盤風味菜，或許再來點里奧哈酒）。其他目標則可能始終如一，甚至比以前更迫切。每隔一段時間就回頭看看夢想清單，可以更清楚知道自己完成了多少，而接下來該做什麼。

到了終點站，什麼樣的人生「不虛此行」，取決於每個人。驀然回首時，可能是一些小片段最令我們刻骨銘心，還有跟朋友共度的時光、親手打造的東西、以及連我們自己都感到驚訝的努力時刻。

人生總有遺憾。我們總不免巴望著能多一點時間，希望多活一天。然而這是不容我們索求的。了解到這點，我們就只能像所有理性的人一樣：好好享受此生。

START

起點

哪些夢想讓你想像力全開？

哪些夢想讓你想深入了解背後的動機？

命運

那個夢想最有挑戰性？

哪個夢想你想保密？

你願意爲哪個宏大的夢想犧牲？

哪個夢想得花最多錢？哪個最不花錢？

機會

那個夢想看起來很棒，但你其實興趣缺缺？

哪三個夢想是你自己都很驚訝會寫出來的？

說出一個你今天就能完成的夢想？

?機會

哪些夢想是你生命中不可或缺

檢視你的夢想清單

哪個夢想需要你學習新技巧？

假如你只能做清單上的五件事情，你會選哪幾個？

你最想和你的伴侶或朋友一起完成哪些夢想？

你的夢想清單中，哪三個對他人有正面影響？

!命運!

NEXT 夢想清單

這本書的十個單元中，哪個單元能激發你最多夢想？哪個單元你最沒興趣？

!命運

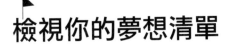

國家圖書館出版品預行編目資料

作夢要趁早 / 麥克.奧登(Michael Ogden), 克
利斯.戴(Chris Day)編 ; 施益譯. -- 初版.
-- 臺北市 : 大塊文化, 2007[民96]
面 ; 公分. -- (Smile ; 75)
譯自 : 2do before I die : the do-it-
yourself guide to the rest of your life
ISBN 978-986-7059-78-9(平裝)

1. 自我實現(心理學) 2. 生活指導

177.2 96005547

10550　台北市南京東路四段25號11樓

廣　告　回　信
台灣北區郵政管理局登記證
北台字第10227號

大塊文化出版股份有限公司　收

地址：□□□□□ ＿＿＿＿＿市／縣＿＿＿＿＿鄉／鎮／市／區

＿＿＿＿＿＿＿路／街＿＿段＿＿巷＿＿弄＿＿號＿＿樓

請沿虛線撕下後對折裝訂寄回，謝謝！

大塊 LOCUS 文化

編號：SM075　書名：作夢要趁早

大塊 LOCUS 文化 **讀者服務卡**

謝謝您購買本書！

如果您願意收到大塊最新書訊及特惠電子報：

一 請直接上大塊網站 **locus**publishing.com 加入會員，免去郵寄的麻煩！

一 如果您不方便上網，請填寫下表，亦可不定期收到大塊書訊及特價優惠！
請郵寄或傳眞 +886-2-2545-3927。

一 如果您已是大塊會員，除了變更會員資料外，即不需回函。

一 讀者服務專線：0800-322220；email: locus@locuspublishing.com

姓名：________________ **性別**：□男 □女

出生日期：____年____月____日 **聯絡電話**：________________

E-mail：________________________________

從何處得知本書：1.□書店 2.□網路 3.□大塊電子報 4.□報紙 5.□雜誌
6.□電視 7.□他人推薦 8.□廣播 9.□其他

您對本書的評價：
(請填代號 1.非常滿意 2.滿意 3.普通 4.不滿意 5.非常不滿意)
書名____ 內容____ 封面設計____ 版面編排____ 紙張質感____

對我們的建議：________________________________